Louise Edington

Dein Astrologie Guide

Louise Edington

Dein Astrologie Guide

Verstehe, wer du bist:
Alles, was du über dein Sternzeichen, deine Planetenkonstellation und dein Geburtshoroskop wissen musst

mvgverlag

Bibliografische Information der Deutschen Nationalbibliothek
Die Deutsche Nationalbibliothek verzeichnet diese Publikation in der Deutschen Nationalbibliografie.
Detaillierte bibliografische Daten sind im Internet über http://d-nb.de abrufbar.

Für Fragen und Anregungen
info@mvg-verlag.de

1. Auflage 2023

Türkenstraße 89
80799 München
Tel.: 089 651285-0
Fax: 089 652096

Übersetzung: Sabine Zürn
Redaktion: Ulrike Reinen
Umschlaggestaltung: Manuela Amode
Umschlagabbildung: Shutterstock.com vectortatu, Luxcor, EssentiallyNomadic
Layout: Katja Gluch
Satz: Satzwerk Huber, Germering
Druck: Firmengruppe APPL, aprinta Druck, Wemding
Printed in Germany

ISBN Print 978-3-7474-0487-4
ISBN E-Book (PDF) 978-3-96121-875-2
ISBN E-Book (EPUB, Mobi) 978-3-96121-876-9

Wir produzieren nachhaltig
www.m-vg.de

Weitere Informationen zum Verlag finden Sie unter
www.mvg-verlag.de
Beachten Sie auch unsere weiteren Verlage unter www.m-vg.de

Ich widme dieses Buch
meiner Freundin
Karen Krawczyk,
die mich im Jahr
1989 auf die Idee
brachte, Astrologin
zu werden.

INHALT

EINLEITUNG

Dieses Buch richtet sich sowohl an Einsteiger*innen als auch an bereits fortgeschrittene Anwender*innen der Astrologie oder Lernende. Hier erwarten dich leicht verständliche und grundlegende Informationen.

Ich betrachte das astrologische Horoskop als eine Art »Blaupause« unserer Potenziale und Möglichkeiten. Dabei würde ich nie behaupten, dass ein Tierkreiszeichen oder eine Planetenstellung nur gut oder nur schlecht ist, denn meines Erachtens gibt es immer einen Weg, um nicht nur Herausforderungen jeder Art zu überwinden, sondern auch alles andere, das unser persönliches Wachstum, unsere Entwicklung und die Kompatibilität mit anderen Zeichen blockiert. Aus dieser Haltung heraus habe ich das Buch geschrieben. Wir sind vielschichtige Wesen und können ganz bewusst entscheiden, wie wir unsere kosmische Blaupause nutzen.

Dies bedeutet nicht, dass ich mittels spiritueller Methoden ungelöste Probleme oder Verletzungen umgehe. Ich schaue mir Schattenthemen genau an und überlege, wie sie geheilt oder integriert werden könnte, statt ihnen auszuweichen.

Ich lade dich ein, das herkömmliche binäre Geschlechtersystem aus einer neuen Perspektive zu betrachten. Die Sprache der Astrologie ist traditionell nicht geschlechtsneutral und verwendet die Bezeichnungen »männlich“ und »weiblich«. Doch unser Horoskop oder die kosmische Blaupause umfasst jeden Planeten und jedes Tierkreiszeichen, und sie alle gelten für jeden einzelnen Menschen. Weil das astrologische Horoskop kein Geschlecht vorgibt, verzichte ich hier ebenfalls darauf. Ich konzentriere mich auf den Menschen in seiner Ganzheit sowie auf seine Eigenschaften und verwende geschlechtsneutrale Begriffe. Das Buch ist eine grundlegende Einführung in die wichtigsten Bereiche der Astrologie und verfolgt einen völlig neuen Ansatz in der Sprache der Astrologie, denn die Planeten und Tierkreiszeichen sind per se nicht binär.

Ich verzichte auf Begriffe wie »männlich« und »weiblich« und spreche stattdessen von »Tag« und »Nacht«. Auf diese Weise wird niemand ausgegrenzt. Diese Bezeichnungen wurden bereits in der Antike verwendet und entsprachen in etwa dem männlichen beziehungsweise dem weiblichen Geschlecht. In Kapitel 1 gehe ich näher darauf ein. Ich danke dem Astrologen Jason Holley, dass er mich in dieses Konzept eingeführt hat, und Robert Hand und Brian Clark, deren Arbeit mir dabei geholfen hat, es zu erweitern.

Das Konzept von »Tag« und »Nacht« ermöglicht uns einen humanistischen Blick auf die innere Landschaft der Seele. Das Buch ist also eine Anleitung zur Horoskopdeutung, doch es fordert dich auch zu einer grundlegend geschlechtsneutralen astrologischen Sprache auf.

Zeit meines Lebens habe ich die Astrologie geliebt. Ich habe immer noch Aufzeichnungen aus meiner Teenagerzeit über die Eigenschaften der Sonnenzeichen. Es dauerte bis zu meiner ersten Saturn-Rückkehr im Alter von 29 Jahren (das ist der Zeitpunkt, zu dem der transitierende Saturn auf die ursprüngliche Position des Geburtshoroskops zurückkehrt), bis ich die für mich damals »echte« Astrologie entdeckte. Ein Freund deutete damals mein Horoskop für mich, gab mir einige Bücher mit ... und ich war sofort infiziert. Das war im Jahr 1989. Ich verschlang diese Bücher regelrecht, lernte im Selbststudium, wie man Geburtshoroskope von Hand zeichnet, kaufte und studierte weitere Bücher, abonnierte Zeitschriften und übte mit meinen Freund*innen und deren Kindern.

Als ich heiratete und selbst Kinder bekam, ließ die Intensität meiner astrologischen Arbeit für einige Jahre nach, obwohl sie nie an Faszination für mich verlor. Im Oktober 2012 hatte ich zwei Umzüge hinter mir (von Großbritannien nach Australien und von dort in die USA), meine Kinder waren 15 und 13 Jahre alt, und ich war beruflich im Bereich Coaching tätig. Damals hatte ich die Vision, es wäre meine Bestimmung, als professionelle Astrologin zu arbeiten. Dafür studierte ich bei einem Lehrer und belegte Kurse, um meine Kunst zu verfeinern, und innerhalb weniger Monate war ich beruflich als Astrologin tätig.

Ich besuche auch heute noch Kurse, denn die Astrologie ist wie ein wundervoller und unendlich großer Kaninchenbau, in dem es immer Neues zu entdecken gibt. Ich habe in der Zwischenzeit Tausende von Readings durchgeführt, Kurse gegeben und fast täglich Artikel und Post über Astrologie geschrieben. Im November 2018 veröffentlichte ich als Anleitung für die persönliche Weiterentwicklung mein erstes Buch mit dem Titel *Modern Astrology. Harness the Stars to Discover Your Soul's True Purpose*. Außerdem bin ich schamanisch tätig und Aktivistin. Ich habe eine Schütze-Sonne mit einem Schütze-Stellium im 11. und 12. Haus und einen Schütze-Aszendenten mit Mond in den Zwillingen. Wer sich bereits in den Grundlagen der Astrologie auskennt, weiß jetzt bestimmt sofort, dass ich Schriftstellerin und Lehrerin bin und mich für soziale und politische Gerechtigkeit einsetze, was auch in meine Arbeit einfließt.

Dieses Buch ist für all jene, die ihr Studium der Astrologie auf die nächste Ebene heben möchten, und zwar auf Grundlage der Inklusion. Es ist für alle Menschen gedacht.

Herzlich willkommen!

TEIL I

Grundlagen der Astrologie

Der erste Teil dieses Buchs eröffnet einen kurzen Blick auf die Geschichte der Astrologie sowie ihren aktuellen Stand und beschäftigt sich mit der Frage, warum sich die Sprache der Astrologie verändern sollte. Du lernst die wichtigsten Grundlagen des Horoskops kennen.

1. KAPITEL

Die Basics

SCHON SEIT JAHRTAUSENDEN werden mithilfe der Astrologie Vorhersagen getroffen. Heute nutzen wir sie, um mehr über unsere persönlichen Entwicklungs- und Wachstumsmöglichkeiten zu erfahren und um Einblicke in unsere Verhaltensmuster, einschränkenden Glaubenssätze und unser Potenzial zu gewinnen.

Die Astrologie hilft uns dabei, im Einklang mit den Elementen und Zyklen der Natur zu leben, für alle Lebensbereiche – von der Landwirtschaft über Beziehungen bis hin zum Berufsleben – den optimalen Zeitpunkt herauszufinden und uns mit psychologischen Fragestellungen und Erfahrungen aus früheren Leben auseinanderzusetzen. Sie stellt unsere Verbindung zu den natürlichen Zyklen des Universums her und unterstützt uns dabei, im Einklang mit jenen kosmischen Zyklen zu leben, die auf uns einwirken.

Auf höchster Ebene ermöglicht uns die Astrologie eine tiefere spirituelle Verbindung mit dem Universum und seinen Zyklen und hilft uns dabei, bewusste Entscheidungen zu treffen, die unser volles Potenzial ausschöpfen.

Meine Herangehensweise an das Thema Bewusstsein ist humanistisch und psychologisch geprägt. Für mich steht die innere Landschaft im Mittelpunkt. Auf das Bewusstsein unserer Seele wirken jeder Planet und jedes Tierkreiszeichen ein. Die Sprache der Astrologie hat das bisher nur unzureichend zum Ausdruck gebracht. Die Zeiten ändern sich, und damit auch die Sprache der Astrologie.

Aber warum macht Astrologie Sinn? Diese ewige Frage beantworte ich damit, dass sie auf jahrtausendelanger Beobachtung beruht. Obwohl es Zeiten gab, in denen sie an Bedeutung verlor, hat die Menschheit sich immer wieder aufs Neue dem Studium der Astrologie zugewandt, denn die sachkundige Interpretation der Bewegungen des Kosmos gibt Antworten auf den Sinn und die Kreisläufe des Lebens.

WAS IST ASTROLOGIE?

Diese uralte Wissenschaft beobachtet Zyklen und Bewegungen der Planeten im Laufe der Zeit und zeichnet Muster und Ereignisse auf, die durch die Bewegung des Kosmos ausgelöst werden.

So wie die Mondphasen die Gezeiten der Meere, den Menstruationszyklus, weitere biorhythmische Zyklen und unsere emotionalen Energien beeinflussen, wirken auch die anderen kosmischen Körper, Himmelskörper, Planeten, Asteroiden und mehr in uns. Alles im Universum ist miteinander verbunden – eine Tatsache, die Astrolog*innen schon lange bekannt ist, jetzt aber auch von der Wissenschaft mithilfe der Quantenmechanik erkannt wird. Sie besagt, dass jedes Atom andere Atome beeinflusst. In der Quantenphysik besteht alles aus Wellen und Teilchen. Nach der Verschränkungstheorie ist kein Teilchen völlig unabhängig. Auf den Punkt gebracht bedeutet das: Alles im Universum arbeitet zusammen, und die Bewegungen der kosmischen Körper aktivieren die Energie in uns und in der natürlichen Welt. Wir sind mit dem gesamten Universum verbunden. Alle Energien verflechten sich in einem komplizierten Tanz aus planetarischer Magie und Wissenschaft, und die Sprache der Astrologie deutet diesen Tanz.

Die Ursprünge der Astrologie liegen Tausende von Jahren zurück. Die Archäologie sieht in Höhlenmalereien, die Mondphasen zeigen, Beweise dafür, dass schon die frühen Menschen die Mondphasen beobachtet haben. Manche dieser Zeugnisse datieren vielleicht sogar bis 30 000 v. Chr. zurück.

Oft wird gesagt, dass die Astrologie auf Kalendersystemen beruhe, aber ich möchte behaupten, dass Kalendersysteme auf der Bewegung der kosmischen Körper basieren. Die frühesten Kalender richteten sich nach der Bewegung der Sonne, des Sterns Sirius (nach dem ägyptischen Kalender) oder des Mondes (nach dem griechischen Kalender).

Mit anderen Worten: Erst wurden die Planetenzyklen beobachtet und aufgezeichnet, dann folgten die Kalendersysteme auf Grundlage der Bewegungen des Kosmos.

Die Astrologie hat sich im Laufe der Jahrtausende weiterentwickelt und so entstanden verschiedene astrologische Richtungen, darunter die indische oder vedische Astrologie (Jyotisha). Sie beruht auf dem siderischen Tierkreis, während die westliche Astrologie, die ich praktiziere, den tropischen Tierkreis verwendet. Die chinesische Astrologie wiederum basiert auf einem 12-Jahres-Zyklus; die hellenistische Astrologie ist eine griechisch-römische Tradition, die vom 1. Jahrhundert v. Chr. bis zum 7. Jahrhundert n. Chr. praktiziert wurde, und derzeit wiederentdeckt wird. Unsere westliche Astrologie hat sich aus der ptolemäischen und babylonischen Astrologie entwickelt, die einen eher psychologischen und entwicklungsorientierten Ansatz verfolgte.

Zu den bedeutendsten Persönlichkeiten in der Geschichte der Astrologie gehören unter anderem Claudius Ptolemäus, der im 2. Jahrhundert n. Chr. mit dem *Tetrabiblos* einen der wichtigsten astrologischen Texte verfasst hat, sowie Carl Gustav Jung (1875–1961), der als Erster die Astrologie im Bereich der Psychoanalyse anwandte. Alan Leo (1860–1917) gilt als Vater der modernen Astrologie. Zu meinen Favoriten gehört Dane Rudhyar (1895–1985); er hat die Humanistische Astrologie begründet und trug ebenfalls dazu bei, der modernen Astrologie den Weg zu bereiten.

Dieses Buch beruht auf der modernen westlichen Form der Astrologie. Doch alle anderen Traditionen haben ihre Berechtigung und unterscheiden sich lediglich in ihrer Herangehensweise: Einige sind eher auf Vorhersagen ausgerichtet, wie zum Beispiel die vedische Astrologie, während andere einen eher persönlichkeitsbildenden oder psychologischen Ansatz verfolgen.

Die moderne westliche Astrologie befasst sich mit der Erstellung von Horoskopen auf der Grundlage des tropischen Tierkreises für eine bestimmte Uhrzeit, ein bestimmtes Datum und einen bestimmten Ort. Der tropische Tierkreis unterteilt die Ekliptik in zwölf gleiche Teile zu je 30° (die Tierkreiszeichen) und orientiert sich an den Jahreszeiten. Der Tierkreis beginnt mit dem Frühlingsäquinoktium (Tagundnachtgleiche), wenn die Sonne in das Sternbild Widder eintritt. Die Ekliptik ist eine imaginäre Linie oder Ebene am Himmel, welche die scheinbare Bahn der Sonne markiert, in deren Verlauf Finsternisse auftreten.

GESCHICHTE DER ASTROLOGIE

Höhlenmalereien und Knochen sind die ersten Belege für die Beobachtung der Mondphasen. Die überlieferte Geschichte der Astrologie begann vor 6000 Jahren in Mesopotamien mit den Sumerern, welche die Bewegungen des Kosmos aufzeichneten, sowie mit der vedischen oder Jyotisha-Astrologie, die vor mindestens 5000 Jahren in Indien ihren Anfang nahm.

Von etwa 2400 bis 331 v. Chr. schufen die Babylonier, auch unter der Bezeichnung »Chaldäer« bekannt, den Tierkreis mit den Planeten, wobei die zwölf Horoskophäuser Lebensbereiche und Entwicklungsstufen repräsentierten.

Nach der Eroberung des Babylonischen Reiches durch Alexander den Großen entwickelten die Griechen die Astrologie weiter und verliehen den Planeten und Tierkreiszeichen ihre heute noch gebräuchlichen Bezeichnungen. Im Jahr 140 n. Chr. veröffentlichte Ptolemäus den *Tetrabiblos*. Seine Schrift über die Sterndeutung beinhaltete astrologische Elemente, wie zum Beispiel die Planeten und ihre Häuser, Aspekte und Trigone, die bis heute angewendet werden.

Im Laufe der Jahrhunderte erlebten das Studium und die Anwendung der Astrologie im Westen Auf- und Abschwünge, doch im Mittelalter kam es zur Blütezeit der Astrologie, die in die Wissenschaften der Mathematik, Astronomie und Heilkunde integriert wurde. So gab es königliche Astrologen, und die ältesten Universitäten hatten Lehrstühle für Astrologie.

Allerdings begann mit dem Machtgewinn der Kirche der Niedergang der Astrologie. Im Zeitalter der Aufklärung und der protestantischen Reformbewegungen im 17. und 18. Jahrhundert mit ihrer Orientierung an wissenschaftlicher Rationalität wurde die Sterndeutung als Aberglaube abgetan. Dadurch verlor die Astrologie an Bekanntheit, bis sie im späten 19. Jahrhundert wieder auflebte.

DIE MODERNE ASTROLOGIE

Die westliche Astrologie, wie wir sie heute kennen, wurde Ende des 19. Jahrhunderts wiederentdeckt. Dem englischen Astrologen und Theosophen Alan Leo wird der Beginn des neuen Interesses an der Astrologie und die Entwicklung einer spirituelleren und esoterischen Richtung zugeschrieben. Die Theosophie ist eine Lehre über Gott, die Welt und das spirituelle Leben des Menschen und beruht auf mystischen Erkenntnissen. Alan Leo führte die Vorstellungen von Karma und Reinkarnation in seine astrologische Arbeit ein und entwickelte die ereignisbezogene Astrologie weiter zur Charakteranalyse.

Auch der Theosoph Dane Rudhyar trug zur Wiederbelebung der Astrologie bei. Er begründete den psychologischen Ansatz in der Astrologie und prägte den Begriff und das Konzept der Humanistischen Astrologie. Rudhyars Arbeit basiert in erster Linie auf der Theosophie und auf östlichen Philosophien, außerdem war er von den Ideen Carl Gustav Jungs beeinflusst. Rudhyars Ansatz bildete eine wichtige Grundlage für die moderne Astrologie der 1960er- und 1970er-Jahre.

Die moderne westliche Astrologie stützt sich überwiegend auf die Psychologische und die Humanistische Astrologie. Dennoch ist derzeit ein Wiederaufleben einiger antiker und prädiktiver Methoden festzustellen, insbesondere bei jüngeren Astrolog*innen.

Die geschlechtsspezifischen Zuschreibungen von Planeten und Tierkreiszeichen sind in der modernen Welt als höchst fragwürdig zu betrachten. So wurde das weibliche Geschlecht in erster Linie als passiv, rezeptiv, schwach, dunkel und zerstörerisch bezeichnet, während das männliche Geschlecht als kraftvoll, handlungsorientiert, hell, positiv und

Berühmte Anhänger*innen der Astrologie

Schon immer suchten Machthaber, Herrscher*innen und andere berühmte Persönlichkeiten Rat bei der Astrologie. Im Mittelalter waren sogar die katholischen Päpste an Vorhersagen und Empfehlungen ihrer Astrologen interessiert, wenn es darum ging, den richtigen Zeitpunkt für Krönungen und wichtige Entscheidungen festzulegen.

Um 1370 gründete Karl V. in Paris eine Schule für Astrologie, und Katharina von Medici war dafür bekannt, dass sie Nostradamus konsultierte. Ronald und Nancy Reagan ließen sich ebenfalls regelmäßig von Astrolog*innen beraten.

J. P. Morgan war einer von vielen Wirtschaftsführern, die Astrolog*innen zurate zogen, bevor sie geschäftliche Entscheidungen trafen, und aus einer Gerichtsverhandlung stammt das folgende Zitat: »Millionäre haben keine Astrologen, Milliardäre aber schon.« Der ehemalige US-Finanzminister Donald Regan sagte einmal: »Es ist allgemein bekannt, dass ein großer Prozentsatz der Broker an der Wall Street die Astrologie nutzt.« Auch Lady Gaga, Madonna, Albert Einstein und Theodore Roosevelt konsultier(t)en regelmäßig Astrolog*innen.

dominant galt – andere Geschlechter wurden nicht berücksichtigt. Die Planetennamen gehen zurück auf die römische und griechische Götterwelt, die stark patriarchalisch geprägt war. Von den wichtigsten Himmelskörpern wurden nur der Mond und die Venus als weiblich angesehen. Dies gilt nicht für viele ältere Kulturen, in denen die Planeten auf ganz andere Weise betrachtet wurden. So wurden in mehreren alten Kulturen zum Beispiel Sonnengöttinnen verehrt, und der Mond galt als Samenzelle auf dem Weg zur Eizelle der Sonne. In diesem Buch verabschiede ich mich von diesen binären Definitionen, denn wir sind alle die Sonne, der Mond und andere Planeten, und jeder kosmische Körper hat sowohl Stärken als auch Schwächen, die nicht geschlechtsspezifisch sind.

Ich integriere und erweitere hier die alte hellenistische Astrologie der Sekte, welche die Himmelskörper in Tag- und Nachtplaneten einteilte. Zu den Tagplaneten gehörten Sonne, Jupiter und Saturn, während Venus, Mars und Mond Nachtplaneten waren. Merkur bildete die Verbindung zwischen ihnen. In Übereinstimmung mit zeitgenössischen Astrolog*innen, die sich für eine inklusive und geschlechtsneutrale astrologische Sprache einsetzen, werde ich die Begriffe »Tag« und »Nacht« verwenden. Diese Einteilung ist sinnvoll, da Tag und Nacht wahrnehmbar sind – der Tag ist eher »Yang« beziehungsweise nach außen gerichtet, die Nacht ist eher »Yin«, also nach innen gerichtet. Wie die Planetentabelle im Anhang verdeutlicht, haben alle fünf persönlichen Planeten – Merkur, Venus, Mars, Jupiter und Saturn – sowohl Tag- als auch Nachtqualitäten, je nach der Energie des Zeichens, das traditionell regiert wird. Dies ermöglicht eine vertiefte Deutung und führt uns weg von der bisher üblichen patriarchalischen Sprache der Astrologie.

Das Sonnensystem ist ein lebender, atmender und pulsierender Organismus, der einatmet (tagsüber) und ausatmet (nachts). Alle Himmelskörper, Tierkreiszeichen, Häuser und Aspekte haben entweder Tagesenergie beziehungsweise Energie der Einatmung, oder Nachtenergie, also Energie der Ausatmung – manchmal auch beides. Ich assoziiere den Tag mit der Energie der Einatmung, weil wir den Lebensatem einatmen, um uns die Ausgangsenergie für den Tag zu verschaffen. In der Nacht lassen wir los oder atmen aus, um uns wieder aufzuladen. Dies spiegelt die Quantenverschränkung des Sonnensystems in jedem lebenden Organismus wider – und in jedem Menschen.

2. KAPITEL

Die vier Elemente und die drei Modalitäten

IN DIESEM KAPITEL geht es um die drei Modalitäten – kardinal, fest und beweglich – und die vier Schlüsselelemente Feuer, Erde, Luft und Wasser. Die Modalitäten werden auch als »Qualitäten« der einzelnen Tierkreiszeichen oder als ihr Grundmodus beschrieben. Damit ist gemeint, wie sie sich verhalten. Jede der drei Modalitäten umfasst vier Tierkreiszeichen, davon jeweils eines aus jedem der Elemente. Die vier Elemente repräsentieren je eine typische Eigenschaft: Feuer steht für den Geist, Wasser für die Gefühle, Luft für den Verstand und Erde für die physische Welt.

Wie das Universum besteht auch der Tierkreis aus diesen vier Elementen, und in der Astrologie stehen sie für die archetypischen Eigenschaften eines Menschen. Genauso wie Gestirne, Planeten, Asteroiden und andere kosmische Körper, wirken auch die Elemente in uns. Die Elemente arbeiten auch in Harmonie miteinander, also sei dir bitte bewusst, dass jedes Element in jedem Menschen vorhanden ist.

Jedes Element ist mit drei Tierkreiszeichen verbunden, und das vorherrschende Element in einem Horoskop gibt Aufschluss darüber, wie eine Person reagiert, handelt und wie sie sich verhält. Schon die Analyse des Gleichgewichts der Elemente kann viel über die Haupteigenschaften einer Person aussagen.

Die Einteilung der Tierkreiszeichen nach den drei Modalitäten und den vier Elementen

Widder: kardinal; Feuer
Stier: fest; Erde
Zwillinge: beweglich; Luft
Krebs: kardinal; Wasser

Löwe: fest; Feuer
Jungfrau: beweglich; Erde

Waage: kardinal; Luft
Skorpion: fest; Wasser

Schütze: beweglich; Feuer
Steinbock: kardinal; Erde
Wassermann: fest; Luft
Fische: beweglich; Wasser

Durch die Kombination der Elemente mit den Modalitäten erhalten wir noch mehr Informationen über die Haupteigenschaften einer Person. Das Tierkreiszeichen Zwillinge ist zum Beispiel ein bewegliches Luftzeichen und daher flexibel und wandelbar. Waage ist ein kardinales Luftzeichen und initiiert neue Ideen.

KARDINALE MODALITÄT

Die erste Modalität ist mit den vier Zeichen verbunden, die am Anfang der vier Quadranten des natürlichen Tierkreises stehen: Widder, Krebs, Waage und Steinbock. Widder und Waage sind die Tag-Kardinalzeichen (Zeichen des Einatmens), Krebs und Steinbock die Nacht-Zeichen (Zeichen des Ausatmens). Entsprechend ihrer Modalität sind diese vier Kardinalzeichen Initiationsenergien, die eine neue Jahreszeit oder eine neue Lebensphase einleiten, was sich in ihrem Wesen widerspiegelt. Kardinalzeichen initiieren gern neue Projekte. Sie sind die Pioniere des Tierkreises, aber manchmal fehlt ihnen das nötige Durchhaltevermögen, um ihre Ideen und Projekte zu verwirklichen.

FESTE MODALITÄT

Die zweite Modalität ist verbunden mit den vier Tierkreiszeichen in der Mitte der vier Quadranten des natürlichen Tierkreises: Stier, Löwe, Skorpion und Wassermann. Löwe und Wassermann sind die beiden Tag-Zeichen (Zeichen des Einatmens), Stier und Skorpion die beiden Nacht-Zeichen (Zeichen des Ausatmens).

Die festen Zeichen tun genau das, was sie sich vorgenommen haben. Für sie ist typisch, dass sie das verwirklichen, was von den Kardinalzeichen auf den Weg gebracht wurde. Sie besitzen das Durchhaltevermögen, um die Projekte, Pläne und Ideen der initiierenden Kardinalzeichen in die Tat umzusetzen. Feste Zeichen mögen im Allgemeinen keine Veränderungen und lieben die Kontinuität. Doch das Leben und das Universum sind ständig in Bewegung und das führt uns zu den beweglichen Zeichen.

BEWEGLICHE MODALITÄT

Die bewegliche Modalität steht in Verbindung mit den vier Zeichen, die jeden Quadranten des natürlichen Tierkreises abschließen und zum nächsten Quadranten führen: Zwillinge, Jungfrau, Schütze und Fische. Zwillinge und Schütze sind die Tag-Zeichen (Zeichen des Einatmens), Jungfrau und Fische die Nacht-Zeichen Zeichen des Ausatmens). Wie ihre Modalität schon verrät, sind die beweglichen Zeichen sehr flexibel, wandelbar und vielseitig. Sie sehen im Allgemeinen alle Aspekte einer Sache und kommen gut damit klar, wenn das Leben sie vor Veränderungen stellt. Allerdings verlieren sie schnell den Fokus und das Ziel im Leben aus den Augen und sind anfällig für das »Shiny Object Syndrome«, das heißt, sie lassen sich schnell ablenken, wenn es zu viele spannende Möglichkeiten gibt.

FEUER

Feuer ist Tagesenergie (Einatmen), die Energie der Transformation und des Handelns. Indem wir das Leben einatmen, holen wir Atem, um Energie zu gewinnen. Beim Einatmen dehnen wir die Lunge aus; Feuerzeichen und -planeten sind expansiv oder nach außen gerichtet. Feuer steht für Hitze und Bewegung. Stell dir die Energie der Flammen vor, wenn du sie flackern und tanzen siehst, und du bekommst ein Gefühl für das Element Feuer. Die Sonne versorgt uns mit der Wärme und dem Licht, die wir zum Überleben brauchen. Feuer ist dynamisch und transformativ, wie ein Phönix, der sich aus der Asche der Zerstörung erhebt.

Die drei Feuerzeichen – Widder, Löwe und Schütze – sind positiv, inspirierend, begeisterungsfähig und optimistisch. Sie werden eher mit der Tagesenergie in Verbindung gebracht, die direkter und nach außen orientiert ist, aber alle Tierkreiszeichen tragen etwas von der Feuerenergie in sich, da wir alle Elemente sind, wenn auch in unterschiedlichem Maße.

Widder, regiert vom Kriegsgott Mars, ist das erste Feuerzeichen und damit höchst direkt und zielgerichtet. Löwe, beherrscht von der Sonne, ist selbstbewusst und liebt die Aufmerksamkeit. Schütze mit seinem Herrscher Jupiter ist expansiv und inspirierend.

Jede Position, jedes Gestirn, jeder Planet, jeder Asteroid und jeder Aspekt (Winkel) in einem Feuerzeichen haben diese Eigenschaften. Wer zum Beispiel Venus (Werte und Liebe) im Widder hat, ist sehr direkt und eher kämpferisch in seinen Beziehungen. Menschen mit Merkur (Geist und Kommunikation) im Zeichen Löwe strahlen durch ihre Art der Kommunikation Autorität aus.

Das Horoskop als Medizinrad

In schamanischen Kulturen werden die vier Elemente und die vier Zeichen der kardinalen Modalität seit Jahrtausenden auch in Form eines Medizinrads dargestellt, das sich von der Darstellung des traditionellen astrologischen Horoskops unterscheiden kann. Es bildet die vier in einer Zeremonie angerufenen Himmelsrichtungen und den Beginn der Jahreszeiten ab. In der nördlichen Hemisphäre beginnt mit dem Kardinalzeichen Widder (Feuer) der Frühling, mit dem Kardinalzeichen Krebs (Wasser) der Sommer, mit dem Kardinalzeichen Waage (Luft) der Herbst und mit dem Kardinalzeichen Steinbock (Erde) der Winter. In der südlichen Hemisphäre ist es umgekehrt. Die vier Himmelsrichtungen stehen auch für die einzelnen Lebensphasen: Geburt (Osten, Feuer, Neuanfang), Jugend (Süden, Wasser, emotionale Reinheit und Vertrauen), Erwachsenenalter (Westen, Erde, körperliche Energie) und das Alter (Norden, Luft, Weisheit).

Das gesamte Horoskop könnte demzufolge als Medizinrad oder heiliger Lebenskreis, an dem wir uns ausrichten können, verstanden werden. Bitte bedenke, dass dies aber nur eine mögliche Sichtweise ist und dass die verschiedenen schamanischen Traditionen das Rad des Lebens jeweils anders verstehen.

Die Jahreszeiten entsprechen den Jahreszeiten des Lebens: Geburt (Frühling), Jugend (Sommer), Erwachsenenalter (Herbst) und Alter (Winter). Im großen Mandala der Schöpfung ist alles miteinander verbunden.

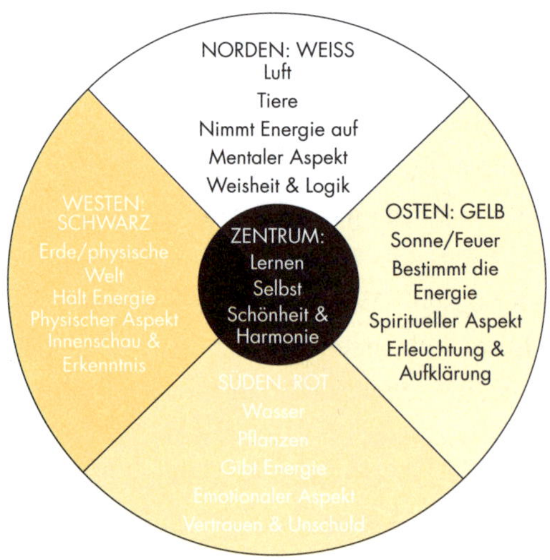

WASSER ≋

Wasser ist eine Nacht-Energie (Ausatmen) und die Energie der Empfänglichkeit und der Emotionen. Wie die Gefühle ist auch Wasser ständig im Fluss und veränderlich. Wasser macht einen großen Teil des menschlichen Körpers aus und ist demzufolge das wichtigste Element. Krebs, Skorpion und Fische bilden die drei Wasserzeichen; sie alle sind höchst intuitive und kreative Energien.

Der Mond regiert das Zeichen Krebs und steht für Umsorgen und Bemuttern. Pluto ist Herrscher im Zeichen Skorpion. Er symbolisiert die Tiefgründigkeit dieses Zeichens, Leidenschaftlichkeit bis hin zur Obsession und psychologische Abgründe. Neptun beherrscht das Zeichen Fische und steht für alle meditativen oder veränderten mentalen Zustände sowie für die Verbindung mit dem kollektiven Unbewussten und spiritueller Energie.

Alle Planeten in Wasserzeichen haben eine eher fließende Energie. Wer zum Beispiel Merkur (Verstand und Kommunikation) im Zeichen Krebs hat, nimmt Informationen intuitiv auf und speichert sie auf einer tiefen Ebene, denn der Krebs ist eine empfangende Nachtenergie.

LUFT 🜁

Luft ist die Energie des Geistes oder der Gedanken und eine Tag-Energie (Einatmen) – sie steht für Atem und Wind. Wir können den Atem nicht zurückhalten; er strömt ein und aus, und wir brauchen den Wind, damit die Luft um uns herum nicht stagniert. Zwillinge, Waage und Wassermann sind die drei Luftzeichen und damit die Zeichen des Denkens, der Ideen, der Geselligkeit und des analytischen Verstandes. Luftzeichen werden mit Rationalität und der rechten Gehirnhälfte in Verbindung gebracht.

Das Zeichen Zwillinge wird beherrscht von Merkur und steht für Dualität und Lernen. Waage, regiert von Venus, verkörpert Diplomatie, Beziehungen und Mediation. Wassermann wird von Uranus regiert und steht wegen seiner Vernetzung von Gedanken, Ideen und Menschen für das Internet, für einen ausgeprägten Intellekt, Erfindungsreichtum und Innovationskraft.

Alle Planeten in Luftzeichen haben einen eher beweglichen Charakter. Wer zum Beispiel Mars (Tatkraft und Wille) in Zwillinge hat, lernt rasch und spricht wahrscheinlich sehr schnell und direkt.

ERDE 🜃

Erde ist die Energie der materiellen Welt; wir können sie anfassen und spüren. Erde ist stabil, pragmatisch und geduldig, und sie ist eine Nacht-Energie (Ausatmen). Die drei Erdzeichen Stier, Jungfrau und Steinbock stehen für harte Arbeit, Bauen, die Herstellung materieller Dinge und für die Anbindung an die materielle Welt und ihre Strukturen.

Erdzeichen sind sinnlich, haben kreative Qualitäten und sind verbunden mit den Zyklen der Natur und dem menschlichen Zyklus von Geburt, Leben und Tod.

Stier, beherrscht von Venus, ist am stärksten auf die materielle Welt und die Erde ausgerichtet. Die von Merkur regierte Jungfrau steht am engsten in Verbindung mit Technik und Handwerk. Steinbock, regiert von Saturn, ist der Pionier unter den Erdzeichen und verkörpert Führung und Leistung.

Alle Planeten in den Erdzeichen übernehmen die Eigenschaften des jeweiligen Zeichens. So ist zum Beispiel eine Person mit Mars (Antrieb und Wille) in Stier langsamer und bedächtiger als jemand mit Mars im Herrscherzeichen Widder, der sehr schnell und direkt ist.

3. KAPITEL

Die Sonnenzeichen ☉

Nun stelle ich dir die zwölf Sonnenzeichen des Tierkreises vor. In der modernen Astrologie stehen die Sonnenzeichen für unser Kernselbst; man könnte auch sagen, sie repräsentieren unser Ego.

Die Sonnenzeichen definieren den Teil unseres Wesens, den fast jeder von uns kennt, sowie die Energie, die uns in erster Linie antreibt. Zu jedem Sonnenzeichen führe ich Schlüsselbegriffe, wichtige Details – zum Beispiel den herrschenden Planeten – und einige unterhaltsame Fakten an. Außerdem befasse ich mich mit den Dualitäten (Nacht/weiblich/Yin und Tag/männlich/Yang). Betrachte die Zeichen als Ausdruck unserer persönlichen Entwicklung von der Geburt (Widder) bis zum Lebensende (Fische). So verstehst du besser, wie die Zeichen in dir wirken. Denn wir alle haben die Energien aller Zeichen in uns, egal, in welchem Sonnenzeichen wir geboren sind.

WIDDER ♈

Widder ist das erste Zeichen des Tierkreises und steht am Anfang des astrologischen Jahres. Der Eintritt der Sonne in den Widder bildet den Zeitpunkt der Frühlings-Tagundnachtgleiche auf der Nordhalbkugel. Widder ist das erste Zeichen im natürlichen Tierkreis, und er regiert das 1. Haus.

Das Zeichen erstreckt sich über die ersten 30° des Tierkreises; die Sonne durchläuft das Zeichen von der Tagundnachtgleiche an, also etwa vom 21. März bis zum 20. April. Diese Daten ändern sich je nach der Bewegung der Sonne am Himmel von der Erde aus gesehen. Widder ist ein kardinales Feuerzeichen, wird regiert vom Kriegsgott Mars und steht für die auf sich selbst fixierte Jugendzeit. Das astrologische Symbol (die Glyphe) des Widders sind die beiden gekrümmten Hörner. Der Widder steht in Polarität mit dem Luftzeichen Waage, was bedeutet, dass sie sich ergänzen und gut zusammenarbeiten. Das bestimmende Schlüsselwort für den Widder lautet »Ich bin«, was bedeutet, dass es ihm meist um sich selbst geht und er gern an erster Stelle steht. Der Widder regiert den Kopf und die Augen.

Die dem Widder zugeordnete Farbe ist Rot, Geburtsstein ist der Diamant und Eisen ist das dem Widder zugeordnete Metall.

Zu den sympathischsten Eigenschaften der Widder-Geborenen gehört, dass sie dynamisch und Wegbereiter für Neues sind und von anderen als Führungspersönlichkeiten angesehen werden. Der Widder hat ein gesundes Eigeninteresse und ist äußerst unerschrocken. Er kann aggressiv und reaktiv auftreten, wenn er seine Direktheit nicht zügelt. Manche halten Widder für ungeduldig, sehr schnell und risikobereit. Lady Gaga, Elton John, Nancy Pelosi, Vincent van Gogh und Leonardo da Vinci wurden im Zeichen Widder geboren.

STIER ♉

Der Stier ist das zweite Tierkreiszeichen. Die Sonne durchläuft dieses Zeichen etwa vom 21. April bis zum 20. Mai. Der Stier regiert das 2. Haus, ist ein festes Erd- und Nacht-Zeichen und wird beherrscht von der Venus in ihrer Verkörperung als Göttin der Lebensbereiche, die mit Liebe, Schönheit und Besitztümern zu tun haben.

Wie der Widder wird auch der Stier mit Hörnern symbolisiert, was darauf hinweist, dass die beiden ersten Tierkreiszeichen sehr geradlinig und »kopflastig« sind. Die Glyphe des Stiers zeigt den Kopf mit den beiden Hörnern. Das Zeichen Stier steht für die Lebensphase, in der die Verbindung zur physischen Welt hergestellt wird.

Skorpion steht in Polarität zum Stier, und die beiden ergänzen sich gut. Passend zu dem starken und robusten Bullen, der das Zeichen Stier repräsentiert, ist das vorherrschende Schlüsselwort für Stier »Bauen«, denn die in diesem Zeichen Geborenen lieben es, etwas zu entwickeln, das Bestand hat. Der Stier ist Kehle und Stimmbändern zugeordnet, und der ihm zugeordnete Edelstein ist der Smaragd. Weil der Stier das materiellste aller Zeichen ist, wird er auch mit dem Saphir assoziiert. Kupfer ist das ihm zugeordnete Metall.

Der Stier verkörpert die Weisheit der Tiere, denn er hat eine sehr feine Wahrnehmung und ist sinnlich, praktisch veranlagt und loyal. Stier-Geborene sind bodenständig, geduldig und ausdauernd, können aber auch stur oder dickköpfig und in ihrem Streben nach Sicherheit übermäßig materialistisch sein. Viele sehen den Stier als stabil und »echt« an.

Thomas Gottschalk, Queen Elisabeth II., Mark Zuckerberg und Dwayne »The Rock« Johnson wurden im Zeichen Stier geboren. (Der Spitzname passt perfekt, denn Steine gehören zum Element Erde.)

ZWILLINGE ♊

Zwillinge umfassen die dritten 30° des Tierkreises. Die Sonne durchläuft dieses Zeichen etwa vom 21. Mai bis zum 20. Juni, und das Zeichen regiert das 3. Haus des Tierkreises. Das bewegliche Luftzeichen Zwillinge wird neben dem Zeichen Jungfrau von Merkur regiert, der für den Verstand und Nachrichtenübermittlung steht. Die Glyphe symbolisiert Zwillinge, die sowohl getrennt als auch verbunden sind. Zwillinge stehen für die Lebensphase, in der wir beginnen, verbal zu kommunizieren und uns über die Verbindung zueinander und die Trennung voneinander klar zu werden. Schütze steht in der Polarität zum Zeichen Zwillinge. Mehrere Edelsteine sollen diesem Zeichen Glück bringen, darunter gelbe Steine wie Achat, Citrin und Bernstein. Es ist keine Überraschung, dass Quecksilber das Glücksmetall der Zwillinge ist.

Das Zeichen steht in Verbindung mit Brust und Lunge, dem Nervensystem, den Armen und den Schultern. Ihm sind Verstand, Stimme und Kommunikation zugeordnet.

Prognosen in Zeitungshoroskopen

Horoskope auf Onlineportalen, in Zeitschriften und Tageszeitungen basieren auf der Analyse des Horoskops jedes einzelnen Zeichens und sind sehr allgemein gehalten. Sie haben aber durchaus ihre Berechtigung, vor allem, wenn du deinen Aszendenten kennst. Dann liest du das Horoskop für dein Sonnenzeichen und für deinen Aszendenten.

Solide erstellte Vorhersagen betrachten die primären Transite (Durchgänge) der aktuellen Planetenstände und wie sich diese auf die einzelnen Häuser auswirken. Dazu wird in einem Horoskop für den aktuellen Moment das Sonnenzeichen auf die Spitze des 1. Hauses gesetzt.

Ein Beispiel: Du bist im Sonnenzeichen Waage. Steht Pluto durch einen Transit im Zeichen Steinbock und wird durch andere Transite aktiviert, dann basiert die Vorhersage auf einem Horoskop mit deiner Waage-Sonne auf der Spitze des ersten Hauses. Dieses Horoskop zeigt an, dass Pluto in dein 3. Haus wandert, da Steinbock das dritte Zeichen nach der Waage ist. Auch wenn das nicht dem 3. Haus in deinem Geburtshoroskop entspricht, hat es dennoch eine gewisse Resonanz.

Ist dein Aszendent Waage, bezieht sich die Vorhersage allgemein auf die Lebensbereiche, die in deinem 3. Haus liegen. Wenn du also gern Horoskope liest, ist es von Vorteil, deinen Aszendenten zu kennen.

Zwillinge-Geborene sind neugierig, aufmerksam, oft zerstreut und können auch sehr angespannt sein. Wer in diesem Zeichen geboren ist, gilt als sozial und verbal ausdrucksstark, aber manchmal auch als manipulativ und heuchlerisch. John F. Kennedy, Donald Trump, Olaf Scholz, Heidi Klum, Paul McCartney, Prince und Bob Dylan wurden im Zeichen Zwillinge geboren.

KREBS ♋

Krebs ist das vierte Zeichen im Tierkreis. Etwa vom 21. Juni bis 20. Juli durchläuft die Sonne dieses Zeichen.

Krebs ist ein kardinales Wasser- und Nacht-Zeichen. Es wird durch eine Krabbe beziehungsweise einen Krebs symbolisiert, und die Glyphe zeigt zwei sich gegenüberliegende Krebsscheren in Schutzhaltung. Das sagt schon viel aus über die Energie dieses Zeichens, denn Krebs-Geborene sind in erster Linie introvertiert und beschützend. Das Erdzeichen Steinbock steht in Polarität zum Krebs. Das Glücksmetall und die Edelsteine, die dem Krebs zugeordnet sind, beziehen sich auf seinen Herrscher, den Mond: Das Metall ist Silber, die Glückssteine sind Mondstein, Perle und weißer Quarz. Der Krebs steht in Verbindung mit dem Magen, dem Brustkorb und der Brust.

»Fühlen« ist das wichtigste Schlüsselwort dieses Zeichens, denn der Krebs steht für Gefühle und Intuition. Im Tierkreis ist er das Zeichen der Fürsorglichkeit; er ist sehr traditionsbewusst und familienorientiert. Krebs-Geborene sind äußerst sensibel und sie können sich unsicher fühlen. Sie neigen dazu, zu viel zu geben, bis hin zur Vernachlässigung ihrer eigenen Bedürfnisse. Von anderen werden sie als einfühlsam und liebevoll wahrgenommen, sie gelten aber auch als launisch.

Angela Merkel, Prinzessin Diana, der Dalai Lama, Tom Cruise und Meryl Streep wurden im Zeichen Krebs geboren.

LÖWE ♌

Löwe ist das fünfte Zeichen im Tierkreis. Die Sonne durchläuft das Zeichen des Löwen etwa vom 21. Juli bis 20. August.

Löwe ist ein festes Feuer- und Tag-Zeichen und wird von der Sonne beherrscht. Der Löwe ist das Symbol dieses königlichen Zeichens, und seine Glyphe zeigt den Kopf und die Mähne des Tiers. Das Zeichen der Polarität ist der Wassermann. Es ist nicht verwunderlich, dass Gold das Metall ist, das mit dem Löwen assoziiert wird. Die glücksbringenden Edelsteine Bernstein, Tigerauge und gelber Topas sind ebenfalls goldfarben. Der Löwe steht in Verbindung mit dem Herzen, der Wirbelsäule und dem oberen Rücken.

Löwen sind geboren, um zu führen, und das ist auch ihre wichtigste Eigenschaft. Ob als König, Königin oder einfach innerhalb der Familie – Löwe-Geborene wollen glänzen und beeindrucken. Sie lechzen nach Aufmerksamkeit und neigen zu pathetischem und überheblichem Verhalten, wenn man sie nicht beachtet. Ansonsten sind Löwen dynamisch, selbstbewusst und fröhlich. In ihren besten Momenten haben sie große Anziehungskraft, sind liebevoll und erhellen das Leben ihrer Mitmenschen, weil sie das Leuchten der Sonne in sich tragen.

Barack Obama, Bill Clinton, Madonna, James Baldwin und Carl Gustav Jung wurden im Zeichen Löwe geboren.

JUNGFRAU ♍

Die Jungfrau ist das sechste Zeichen im Tierkreis. Die Sonne durchläuft das Zeichen der Jungfrau etwa vom 21. August bis 20. September.

Die Jungfrau ist ein bewegliches Erd- und Nacht-Zeichen. Es wird neben den Zwillingen als zweites Zeichen von Merkur regiert, aber mehr in seiner technik- und detailorientierten, zupackenden Eigenschaft. Das Zeichen wird durch ein Mädchen oder eine Jungfrau symbolisiert, was zum Ausdruck bringt, dass sie »ganz bei sich selbst« ist. Die Glyphe ähnelt dem Buchstaben M, der für »Mädchen« steht, und trägt einen Weizenhalm, der die Ernte repräsentiert. Das Symbol deutet nicht auf das weibliche Geschlecht hin, sondern bezieht sich auf einen Charakter, der die Energie der Jungfrau besitzt. In Polarität zum Zeichen Jungfrau stehen die Fische. Genau wie bei den Zwillingen ist das Metall der Jungfrau Quecksilber, und die Glückssteine dieses Zeichens sind Saphir, Jade und Jaspis. Mit der Jungfrau werden das Verdauungssystem und die Milz in Verbindung gebracht.

Die Energie der Jungfrau verkörpert das Prinzip des Dienens, denn dieses Zeichen liebt es, sich überall nützlich zu machen. Jungfrau-Geborene sind gründlich, detailorientiert und sehr analytisch. Sie sind oft selbstkritisch und machen sich viele Gedanken. Sie können dazu neigen, sich einer Sache oder jemandem zu unterwerfen, statt zu dienen, und vergessen dabei, sich um sich selbst zu kümmern. Bei vielen gelten Jungfrau-Geborene als integer und strukturiert, obwohl ich es für einen Mythos halte, dass Jungfrauen immer ordentlich sind. Ich glaube, dass ihr Hang zum Perfektionismus zum Teil auf das übermäßige Analysieren von Situationen zurückgeht, was zu einer Entscheidungslähmung führen kann. »Analysieren« ist demzufolge das wichtigste Wort für die Jungfrau.

Johann Wolfgang von Goethe, Prinz Harry, Mutter Teresa, Bernie Sanders und Freddie Mercury von Queen wurden im Zeichen Jungfrau geboren.

WAAGE ♎

Waage ist das siebte Zeichen im Tierkreis. Die Sonne durchläuft das Zeichen der Waage etwa vom 21. September bis 20. Oktober.

Die Waage ist ein kardinales Luft- und Tag-Zeichen. Es wird regiert von Venus in ihrer verstandesbetonten Bedeutung. Das Symbol ist eine Waage und ihre Glyphe stellt sowohl das Gleichgewicht als auch die untergehende Sonne dar, wenn in der nördlichen Hemisphäre der Erde der Herbst beginnt (beziehungsweise die aufgehende Sonne in der südlichen Hemisphäre). In Polarität zum Zeichen Waage steht der Widder. Peridot und Topas sind die Glückssteine der Waage, und Kupfer ist das ihr zugeordnete Metall. Die Waage steht für die Nieren, die Haut, den unteren Rücken und das Gesäß.

»Gleichgewicht« ist das wichtigste Wort für Waage-Geborene, denn sie versuchen, bei allem, was sie tun, den Mittelweg und einen harmonischen Ausgleich zu finden. Die Waage ist im Tierkreis das Zeichen für Diplomatie und Vermittlung. Das lässt sie manchmal unentschlossen, schwankend und sogar passiv-aggressiv erscheinen. Im Allgemeinen wirkt die Waage aber fair, friedliebend und kreativ. Sie konzentriert sich im Wesentlichen auf andere und auf ihre Beziehungen.

Mahatma Gandhi, Ursula von der Leyen, Serena Williams, Will Smith und Oscar Wilde wurden im Zeichen Waage geboren.

SKORPION ♏

Das 8. Haus wird vom achten Tierkreiszeichen Skorpion regiert. Die Sonne durchläuft das Zeichen Skorpion etwa vom 21. Oktober bis zum 20. November.

Skorpion ist ein festes Wasser- und Nachtzeichen, das von Pluto (nach moderner Deutung) und Mars (traditionell) beherrscht wird. Sowohl das Symbol als auch die Glyphe dieses tiefgründigen und komplexen Zeichens stellen den Skorpion dar, dessen Stachel auf die potenziell zustechende Natur der Skorpion-Geborenen hinweist. Als hochkomplexes und wandelbares Zeichen wird der Skorpion aber auch mit der Schlange, einem Symbol der

Transformation, und dem Phönix, einem Symbol der Wiedergeburt, verbunden. Stier ist das Zeichen der Polarität. Dem Skorpion werden Eisen und Stahl zugeordnet, und Rubin und Granat sind seine Glückssteine. Mit dem Skorpion werden das Fortpflanzungssystem und die Geschlechtsorgane in Verbindung gebracht.

»Begehren« ist das wichtigste Wort für den Skorpion, da es die emotionale Tiefe und Komplexität dieses anziehenden und geheimnisvollen Zeichens zum Ausdruck bringt. Der Skorpion wird von vielen als magnetisch, kraftvoll und manchmal auch als einschüchternd empfunden. Ein Skorpion kann grüblerisch und obsessiv sein, aber auch sehr intuitiv und psychologisch ausgerichtet. Sind Skorpione in der Lage, in die emotional intensivsten Themen des Lebens einzutauchen, finden sie zu ihrer wahren Kraft und Stärke.

Pablo Picasso, Friedrich Schiller, Michael Ende, Hedy Lamarr, RuPaul, Leonardo DiCaprio, Lisa Bonet und John Gotti wurden im Zeichen Skorpion geboren.

Die verschiedenen Bereiche der Astrologie

Auch wenn sich dieses Buch mit Geburtshoroskopen beschäftigt, ist es wichtig zu wissen, dass es darüber hinaus andere Horoskopformen gibt, die sowohl für sich genommen gedeutet werden können als auch im Zusammenhang zueinander.

MUNDANASTROLOGIE ist die astrologische Betrachtung von Ereignissen, Organisationen, Wahlen, Ländern oder Wetterphänomenen. Das Wort »mundan« stammt vom lateinischen *mundanus* ab und bedeutet »weltlich«. Für den Beginn eines jeden Ereignisses kann ein eigenes Horoskop erstellt werden, das ähnlich wie ein Geburtshoroskop gedeutet wird.

FINANZASTROLOGIE beschäftigt sich mit der Prognose von Ereignissen und Trends des Finanzmarkts.

STUNDENASTROLOGIE ist ein Werkzeug, mit dessen Hilfe eine Frage beantwortet werden kann, die zu einem bestimmten Zeitpunkt gestellt wurde. Diese Technik eignet sich für Fragen aller Art, zum Beispiel: »Wo ist mein Schlüsselbund?«

ASTROMEDIZIN dient der Diagnose, Behandlung und Prävention von Krankheiten durch das Aufzeigen gesundheitlicher Schwächen eines Menschen.

ASTROKARTOGRAFIE ODER -GEOGRAFIE arbeitet mit planetarischen Linien, die um den Globus laufen und anzeigen, wie ein bestimmter Bereich im Leben eines Menschen, abhängig vom Wohnort, erweitert oder eingeschränkt wird.

SCHÜTZE ♐

Das Zeichen Schütze regiert das 9. Haus. Die Sonne durchläuft dieses Zeichen etwa vom 21. November bis zum 20. Dezember.

Der Schütze ist ein bewegliches Feuerzeichen, das von Jupiter beherrscht wird. Die Glyphe für den Schützen ist ein Pfeil, der zu den Sternen zeigt, und entspricht dem Symbol des Bogenschützens, der halb Mensch und halb Pferd ist. Sowohl die Glyphe als auch das Symbol sind Ausdruck der vorausschauenden, visionären Energie dieses Zeichens. In Polarität zum Zeichen Schütze stehen die Zwillinge. Der Schütze ist zuständig für die Hüften, die Oberschenkel und die Leber. Seine Glückssteine sind Türkis und Amethyst, sein Metall ist Zinn.

»Wandern« und »Wunder« sind die wichtigsten Wörter für Schütze-Geborene, denn sie sind gern auf Wanderschaft – körperlich und geistig –, und häufig staunen sie über die Welt um sich herum. Sie sind auf der Suche nach Wahrheit und Freiheit und lieben Erkundungen aller Art. Sie gelten oft als etwas naiv, aber auch als inspirierend und optimistisch. Spirituell orientiert und visionär, verfügen sie über die Gabe, das große Ganze des Lebens zu sehen. Erkennt ein Schütze das Leben als eine Suche nach Erkenntnis und Wahrheit, kann sich seine Naivität in Weisheit verwandeln.

Ludwig van Beethoven, Walt Disney, Jane Fonda, Jimi Hendrix, Jay-Z und Gianni Versace wurden im Zeichen Schütze geboren.

STEINBOCK ♑

Das zehnte Tierkreiszeichen ist der Steinbock; er wird von Saturn regiert. Die Sonne durchläuft das Zeichen Steinbock etwa vom 21. Dezember bis zum 20. Januar.

Steinbock ist ein kardinales Erd- und Nacht-Zeichen. Sein Symbol ist der sogenannte Ziegenfisch. Dementsprechend besteht die Glyphe aus dem Huf der Ziege und einem Fischschwanz – die Darstellung der tiefgründigen, weichen Seite des Steinbocks ist aber in vielen astrologischen Texten verloren gegangen. Die Polarität des Zeichens ist Krebs. Der Steinbock steht für das Skelettsystem, die Zähne und die Gelenke. Das Metall des Steinbocks ist Blei und der Edelstein Rubin.

Das Lieblingswort des Steinbocks lautet »Erreichen«. Steinbock-Geborene sind darauf fokussiert, die Erfolgsleiter zu erklimmen, neigen aber dazu, sich an den Erwartungen anderer zu orientieren, statt sich auf ein starkes Fundament aus Selbstvertrauen zu stützen. Hier macht sich der Fischschwanz bemerkbar. Der Steinbock gilt als verantwortungsbewusst und entschlossen, aber manchmal auch als kontrollierend und ängstlich. Er ist zwar fleißig und pflichtbewusst, doch dahinter steckt oft die Angst, nicht genug zu sein. Zu seinen Stärken zählen Engagement und Führungsqualitäten.

Konrad Adenauer, Albert Schweitzer, Jeff Bezos, Elvis Presley, Michelle Obama und Betty White wurden im Zeichen Steinbock geboren.

WASSERMANN ♒

Das 11. Haus des Tierkreises wird vom Wassermann regiert. Die Sonne durchläuft dieses Zeichen etwa vom 21. Januar bis zum 20. Februar.

Der Wassermann ist ein festes Luft- und Tag-Zeichen und wird von Uranus (nach moderner Deutung) und Saturn (traditionell) beherrscht. Obwohl das Symbol für Wassermann der Wasserträger ist, stellt die Glyphe in Wirklichkeit Energiewellen dar – geistige Energie ergießt sich vom Himmel herab. Dies weist auf die spirituelle Qualität des Zeichens hin. Die Polarität dieses Zeichens ist der Löwe. Das dem Wassermann zugeordnete Metall ist Blei, seine Glückssteine sind Obsidian und Saphir. Wassermann steht für die Waden, die Knöchel und das Nervensystem.

Wassermann-Geborene sind die Individualisten im Tierkreis, ihr Schlüsselwort lautet »Wissen«. Wegen ihrer unberechenbaren, erfinderischen und originellen Natur werden sie manchmal als die »Spinner« des Tierkreises bezeichnet.

Sie haben ein hohes soziales Bewusstsein und setzen sich für bestimmte Themen und Reformvorhaben ein, können aber auch emotional distanziert wirken und manchmal ein wenig anarchistisch unterwegs sein. Da Wassermann-Geborene sich oft von ihrer Umgebung ausgeschlossen fühlen, sind sie manchmal versucht, ihre Überzeugungen zu verraten, um sich anzupassen. Doch ihr Weg besteht darin, ihre persönliche Wahrheit zu leben, egal was passiert.

Karl Lagerfeld, Oprah Winfrey, Bob Marley, Ellen DeGeneres und Franklin D. Roosevelt wurden im Zeichen Wassermann geboren.

FISCHE ♓

Das zwölfte und letzte Zeichen des Tierkreises sind die Fische. Etwa vom 21. Februar bis zum 20. März durchläuft die Sonne dieses Zeichen.

Fische ist ein bewegliches Wasser- und Nacht-Zeichen. Das Symbol ist der Fisch, und die Glyphe stellt zwei Fische dar, die zwar in entgegengesetzte Richtungen schwimmen, aber durch eine Schnur miteinander verbunden sind. Betrachtet man den Tierkreis als Symbol des menschlichen Lebenswegs, so steht das Zeichen Fische zum einen für die Zeit des Todes, zum anderen für die Phase vor der Geburt und für das Fruchtwasser. Neptun (nach moderner Deutung) und Jupiter (traditionell) sind die Herrscher der Fische. Die Polarität des Zeichens ist Jungfrau. Die Fische stehen für die Füße, das Lymphsystem und das dritte Auge. Die Steine, die diesem Zeichen entsprechen, sind der weiße Diamant, der Aquamarin und der Amethyst, und das Metall ist Zinn.

Das wichtigste Wort für das spirituellste und mitfühlendste Zeichen des Tierkreises lautet »Glauben«. Fische-Geborene gelten als hochsensibel, kreativ und geheimnisvoll. Es fällt ihnen oft schwer, sich abzugrenzen, und sie sind extrem empathisch, was dazu führen kann, dass sie sich zum Opfer oder zum Märtyrer machen. Ähnlich wie das Symbol der in verschiedene Richtungen schwimmenden Fische gehört es zur Aufgabe der Fische, sowohl in der Welt des Manifesten als auch im Reich des Geheimnisvollen ihren Platz zu finden. Wenn sie sich damit anfreunden, ein Vertreter der Spiritualität in der physischen Welt zu sein, können sie die Flucht- und Suchttendenzen vermeiden, denen sie gelegentlich verfallen. Fische werden mit den Energien der Magie und des Films in Verbindung gebracht.

Fred Rogers (Mr. Rogers), Dr. Seuss, Ruth Bader Ginsburg, Kurt Cobain und Albert Einstein wurden im Zeichen der Fische geboren.

4. KAPITEL

Aszendenten, Deszendenten und Dekane

IN DIESEM KAPITEL geht es um die zwölf aufsteigenden Tierkreiszeichen, die Aszendenten. Das sind die Zeichen, die im Moment der Geburt am östlichen Horizont stehen. Im Geburtshoroskop ist das die Position »neun Uhr« beziehungsweise der Punkt, an dem die Horizontachse die Ekliptik schneidet. Die Ekliptik ist die scheinbare Umlaufbahn der Sonne im Laufe eines ganzen Jahres, so wie wir sie von der Erde aus sehen. Im Anhang erfährst du, wie du deinen Aszendenten herausfindest.

Der Aszendent beschreibt, was andere Menschen an dir wahrnehmen, wenn sie dir zum ersten Mal begegnen, und was du anderen präsentierst. Er wird deshalb auch als »Persona« oder »Maske" bezeichnet. Der Aszendent ist der sichtbarste Aspekt einer Person, der erste Eindruck, den andere von dir gewinnen. Er steht auch für die Prägung in deiner frühen Kindheit. Alles, was dich ausmacht, wird durch deinen Aszendenten beeinflusst.

Um deinen Aszendenten bestimmen zu können, benötigst du deine exakte Geburtszeit, denn er wird bestimmt von den Faktoren Datum, Uhrzeit und Ort der Geburt. Jedes Horoskop hat einen Herrscherplaneten. Das ist der Planet, der das Zeichen deines Aszendenten regiert. So ist zum Beispiel Jupiter der Herrscherplanet des Aszendenten Schütze.

Dem Herrscherplaneten kommt in jedem Horoskop eine große Bedeutung zu. Seine Position und die aller Planeten, die in Konjunktion oder anderen Aspekten mit ihm stehen, verändern die Energie des Aszendenten. Das Zusammenspiel all dieser Faktoren ergibt das Bild einer Person. Auch wenn sich Menschen mit demselben Aszendenten ähneln, hat doch jeder ein individuelles Horoskop, das ihn einzigartig macht.

Wir sehen uns im Folgenden auch die Dekane jedes Zeichens an. Alle Zeichen sind 30° weit und jedes ist in drei Dekane von je 10° Breite unterteilt. Es gibt zwei Systeme für Dekane. Ich arbeite mit dem System der Triplizität, in dem jedem Dekan ein Element zugeordnet ist. Der ersten 10°-Abschnitt wird vom jeweiligen Zeichen regiert, also zum Beispiel Widder/Widder. Der nächste 10°-Abschnitt untersteht dem nächsten Zeichen oder Element in dieser Dreiergruppe, also Widder/Löwe. Der dritte 10°-Abschnitt gehört zum letzten Zeichen der Dreiergruppe, also Widder/Schütze.

Das andere und in der modernen Astrologie weit weniger gebräuchliche System ist die »Chaldäische Reihe«, in der jedem 10°-Dekan einer der sieben sichtbaren Planeten als Herrscher zuordnet ist.

DER ASZENDENT

Schauen wir uns die Aszendenten für jedes Tierkreiszeichen genauer an. Den physischen oder charakteristischen Zuordnungen liegen größtenteils tradierte Beobachtungen von Astrologen zugrunde. Die in diesem Buch beschriebenen körperlichen und sonstigen Eigenschaften beruhen auf allgemeinen Angaben und sollten nicht als ausschlaggebend betrachtet werden.

Aszendent Widder ♈

Der aufsteigende Widder ist ein Tag-Zeichen, und Menschen mit diesem Aszendenten sind sehr aktiv und zielstrebig. Sie sind in der Regel äußerst agil und interessieren sich für sportliche und wettbewerbsorientierte Aktivitäten – allerdings geht es bei ihrem Wetteifer oft um sich selbst. Sie stürzen sich gern direkt in eine Sache und verfolgen ihre Ziele, ohne vorher lange nachzudenken. Der aufsteigende Widder gibt immer Vollgas und ist stets in Bewegung.

Solche Menschen werden als Wegbereiter und Anführer geschätzt, obwohl es ihnen schwerfällt, Dinge zu beenden, die sie anfangen. Sie teilen dir offen mit, wenn sie eine Beziehung mit dir eingehen wollen, sei es eine Freundschaft oder mehr. Diese Direktheit empfinden viele als etwas Positives, andere sind davon etwas überfordert.

Mars ist der Herrscherplanet des Aszendenten Widder, und seine Position verrät uns, wie dieser Mensch im Außen auftritt. Seine Energie kann durch die Planeten gemildert werden, die in der Nähe des Aszendenten stehen. So bremst zum Beispiel Saturn die schnelle Energie des Aszendenten stark ein.

Berühmte Persönlichkeiten mit Widder-Aszendent: Rihanna, John Lennon und Samantha Fox.

Aszendent Stier ♉

Ich stelle mir den aufsteigenden Stier immer wie einen fest verwurzelten Baum mit einem dicken Stamm vor, denn er ist standfest, unerschütterlich und unverrückbar, wenn andere versuchen, ihn zu bedrängen. Optisch sehen die Menschen mit Aszendent Stier oft robust und solide aus und tragen gern hochwertige Kleidung, aber nichts Auffälliges. Sie haben eine sehr beruhigende Ausstrahlung, weshalb man gern in ihrer Nähe ist, doch man sollte nicht versuchen, sie zu drängen. Sie sind so extrem loyal, dass sie andere Leute fast als zu ihnen gehörend betrachten.

Der aufsteigende Stier ist ein Nacht-Zeichen. Er bewegt sich in gleichmäßigem Tempo und kann es nicht leiden, wenn er unter Druck gesetzt wird. Er ist äußerst sinnlich, denn er fühlt sich von Wohlgerüchen, gutem Essen, Klängen und Berührungen angezogen. Seine Stimme klingt angenehm.

Der aufsteigende Stier wird von der Venus regiert. Ihre Position verrät weitaus mehr über den Menschen. Steht die Venus zum Beispiel in den Zwillingen, ist er vielleicht flexibler, als es der Stier-Aszendent allein vermuten lässt. Venus in Zwillingen liebt die Geselligkeit und erhöht die Wahrscheinlichkeit, dass die Person ihre schöne Stimme in irgendeiner Weise einsetzt, zum Beispiel für den Gesang. Planeten, die mit dem Aszendenten in Konjunktion stehen, verändern ebenfalls die Energie.

Berühmte Persönlichkeiten mit Stier-Aszendent: Martin Luther King, Boy George und Miley Cyrus.

Aszendent Zwillinge ♊

Menschen mit Aszendent Zwillinge sind sehr gesellig, sie sind aber auch die chaotischsten unter den aufsteigenden Zeichen. Zwillinge können jedes Thema von zwei Seiten beleuchten, was sie zu großartigen Diskussionspartnern macht, aber das lässt sie auch doppelzüngig erscheinen, was für sensiblere Zeichen schwierig sein kann.

Sie sind unendlich neugierig und witzig, und es macht Spaß, sie um sich zu haben. Ihre Aufmerksamkeitsspanne ist jedoch kurz, sodass sie sich schnell aufs nächste Thema stürzen. Diese Ruhelosigkeit gibt ihnen etwas Nervöses, da sie unentwegt herumzappeln. Sie sind meist recht schlank und haben oft lange, geschickte Finger, mit denen sie beim Reden an irgendetwas herumfummeln. Sie sind sehr gut im Multitasking. Auch wenn es den Anschein hat, sie wären unaufmerksam und hörten nicht zu, ist das nicht immer der Fall.

Merkur ist der Herrscherplanet der Zwillinge, und die Position dieses Planeten sagt mehr über eine Person aus als nur das aufsteigende Zeichen. Planeten, die mit dem

Aszendenten in Konjunktion stehen, beeinflussen die Energie dieses Zeichens. Steht zum Beispiel Pluto in Konjunktion mit dem Zwillinge-Aszendenten, bringt er eine Intensität und Tiefe mit sich, die man nicht bei allen Personen mit diesem Aszendenten vorfindet.

Berühmte Persönlichkeiten mit Zwillinge-Aszendent: Bruce Springsteen, Ricky Martin und Gene Wilder.

Aszendent Krebs ♋

Wer mit Aszendent Krebs geboren wird, ist meist hochsensibel und liebevoll, sanftmütig und fürsorglich. Analog zum Symbol des Tierkreiszeichens, dem Krebs, sind diese Menschen schüchtern, beschützend und halten sich lieber im Hintergrund. Sie können launisch sein und ziehen sich entweder zurück oder brauchen Zuspruch, wenn es ihnen nicht so gut geht. Man sagt oft, sie hätten ein »Mondgesicht«, und sie gelten als attraktiv. Da der Krebs den Magen regiert, neigen sie zu Gewichtszunahme, und auf Überforderung reagieren sie mit Verdauungsproblemen. Ihr empathisches Wesen, das wie ein Schwamm alles in sich aufnimmt, trägt ebenfalls dazu bei. Der aufsteigende Krebs nimmt alle und alles um sich herum wahr und sollte lernen, wie er im Kontakt mit anderen seine Energie schützen kann, um nicht in den launischen Einsiedlerkrebsmodus zu verfallen.

Sein Herrscherplanet Mond steht für mütterliche und nährende Energie, was erklärt, warum wir uns zu Menschen mit Aszendent Krebs hingezogen fühlen, wenn wir Hilfe brauchen. Die Position des Mondes im Horoskop eines Menschen mit Aszendent Krebs erlaubt weitere Einblicke in dessen Persönlichkeit. Steht der Mond zum Beispiel im Widder, möchte der Mensch, dass andere ihre Gefühle aussprechen und tut dies auch selbst.

Berühmte Persönlichkeiten mit Krebs-Aszendent: Angelina Jolie, Julia Roberts, Tyra Banks und John Travolta.

Aszendent Löwe ♌

Menschen mit Aszendent Löwe werden von der Sonne regiert, was sich manchmal sogar in ihrem Aussehen zeigt, denn viele haben eine wilde Löwenmähne und ein sonniges, rundes Gesicht. Sie wirken so anziehend wie ein Magnet, erhellen jeden Raum, den sie betreten, und hinterlassen einen bleibenden Eindruck. Sie neigen zum Drama, fallen auf und lieben die Aufmerksamkeit. Sie sind manchmal laut, manchmal majestätisch, aber immer souverän. Oft tragen sie auffällige Kleidung.

Wenn sie nicht die Aufmerksamkeit und Bewunderung erhalten, die sie erwarten, kann ihr inneres Kind rebellisch und wütend werden. Menschen mit Aszendent Löwe sind im

Grunde ihres Herzens große Kinder und wollen einfach nur geliebt werden und ihr Reich mit Güte regieren. Sie sind besser geeignet als Führungskräfte denn als Mitarbeiter, auch wenn sie manchmal zur Unbesonnenheit neigen.

Die Sonne ist das Zentrum unseres Sonnensystems, und alle Planeten und die Erde drehen sich um sie; das zeigt sich auch im Charakter der Menschen mit Aszendent Löwe. Sie sind der Meinung, dass sich die Welt um sie dreht, und das tut sie auch oft. Da die Sonne der Herrscherplanet ist, verändert die Position der Sonne und die der anderen Planeten die Energie des Aszendenten. Eine Jungfrau-Sonne zum Beispiel ist viel weniger überschwänglich als andere Positionen.

Berühmte Persönlichkeiten mit Löwe-Aszendent: Muhammad Ali, Tina Turner, Meryl Streep und George W. Bush.

Die Persona

»Persona« ist eine andere Bezeichnung für den Aszendenten beziehungsweise das aufsteigende Zeichen. Dieser Begriff wurde vom Schweizer Psychoanalytiker Carl Gustav Jung geprägt, der sie als eine Art »Maske« bezeichnete, die einen bestimmten Eindruck auf andere Menschen macht und andererseits die wahre Natur des Individuums verdeckt.

Neben Jung betrachten die meisten Vertreter*innen der modernen westlichen Astrologie den Aszendenten aus dieser Perspektive. In der Jugend sind wir oft stärker mit unserem Aszendenten verbunden und entwickeln uns erst mit zunehmendem Alter weiter. Es ist dabei durchaus möglich, dass wir uns zu sehr mit der sozial angepassten Version unseres Aszendenten identifizieren und unser authentisches Selbst zugunsten einer Überanpassung an das äußere Bild in den Hintergrund drängen. Analog zu Jungs Auffassung, dass die Persona nur eine Rolle ist, die wir nach außen hin spielen, identifizieren sich vor allem Personen des öffentlichen Lebens zu sehr mit ihrem Image. C. G. Jung sagt dazu: »Die Persona ist ein Kompromiss zwischen Individuum und Sozietät über das, als was einer erscheint.« Die Astrologie will den Menschen dazu ermutigen, sich über die Persona hinaus zu entwickeln.

Aszendent Jungfrau ♍

Menschen mit Aszendent Jungfrau sind die Analytiker*innen und Bedenkenträger*innen des Tierkreises. Ihre Eltern haben in ihrer Kindheit vielleicht viel Wert auf Gesundheit, Gewicht und Aussehen gelegt, was sich später zu einer gewissen Obsession entwickelt hat. Weil sie sich zurücknehmen, Situationen gründlich analysieren und ziemlich schüchtern sind, können sie reserviert und zurückhaltend wirken, aber sobald du sie näher kennenlernst, öffnen sie sich dir. Dann wirst du feststellen, dass ihre angeborene Hilfsbereitschaft sie zu zuverlässigen Freund*innen macht. Ihr Hang zur Überanalyse und ihr Streben nach Perfektion macht sie anfällig für Ängste, vor allem, wenn sie nicht mit einem Projekt beschäftigt sind oder wenn nicht alles genau nach ihren Vorstellungen abläuft. Sie sind in der Regel sehr ordentlich gekleidet und wirken ein wenig streng. Als bewegliches Zeichen sind sie nicht auf ihre Ideen fixiert, doch sie müssen erst alle gegenteiligen Beweise überprüfen, bevor sie ihre Meinung ändern. »Bescheiden« trifft ganz genau auf Menschen mit Aszendent Jungfrau zu, das passt auch zu ihrem zumeist sehr freundlichem Verhalten. Merkur regiert die Jungfrau, und die Position von Merkur und anderer Planeten in der Nähe des Aszendenten verändert die Energie des Zeichens. Steht Merkur zum Beispiel im festen Zeichen Skorpion, ist die Qualität des Nachforschens noch ausgeprägter ebenso wie die Tendenz zur Kritik.

Berühmte Persönlichkeiten mit Jungfrau-Aszendent: Woody Allen, Hugh Hefner, Oscar Wilde und Betty Ford.

Aszendent Waage ♎

Menschen mit Aszendent Waage sind sehr angenehme und sympathische Leute. Sie mögen keine Konflikte, deshalb versuchen sie immer zu schlichten und nett zu sein. Sie sind meist sehr attraktiv und haben ein gewinnendes und sanftes Aussehen, das ihren Charme noch verstärkt. Sie sind überwiegend schlank. Viele fühlen sich zu Menschen mit Aszendent Waage hingezogen. Diese haben gern Kontakte, weil sie dazu neigen, sich selbst durch die Augen anderer zu sehen, und weil sie nicht gern allein sind.

Sie können in Beziehungen aber auch zu passiv-aggressivem Verhalten neigen, da sie häufig unrealistische Erwartungen an andere stellen. Das liegt an ihrer typischen Unentschlossenheit, da sie ja ständig versuchen, die Waage im Gleichgewicht zu halten, indem sie alle Seiten gleichermaßen betrachten.

Herrscherplanet der aufsteigenden Waage ist die Venus in ihrer weniger sichtbaren Energie der liebevollen Schönheit, der Beziehung und der Harmonie. Die Position der Venus und anderer Planeten in der Nähe des Aszendenten verändert das aufsteigende Zeichen. Steht zum Beispiel Mars in Konjunktion mit dem Aszendenten, wird die passiv-aggressive Tendenz verstärkt.

Berühmte Persönlichkeiten mit Waage-Aszendent: Jennifer Aniston, Leonardo DiCaprio, Sally Field (ihre berühmte Oscar-Dankesrede ist typisch für den Aszendenten Waage) und Venus Williams.

Aszendent Skorpion ♏

Menschen mit Aszendent Skorpion kann man zutreffend als anziehend, einschüchternd und intensiv beschreiben. Sie halten sich sehr bedeckt und machen ein Geheimnis aus ihrem Gefühlsleben, was ihnen eine gewisse Rätselhaftigkeit verleiht. Sie wirken oft grüblerisch und haben durchdringende Augen. Menschen mit Aszendent Skorpion gehen die Dinge mit großer Intensität an, die oft bis zur Besessenheit reicht. Sie tauchen tief ein in Themen und ergründen sie. Ebenso verfügen sie über die Gabe, die Seelen anderer Menschen zu erkennen.

Aufgrund ihres verschlossenen Wesens fällt es ihnen oft schwer, die intensiven Gefühle zum Ausdruck zu bringen, die ihre besondere Art mit sich bringt – und das manchmal sogar sich selbst gegenüber. Sie strahlen jedoch große Kraft aus und führen Aufgaben mit Begeisterung und einem hohen Maß an Kreativität aus.

Herrscherplanet des aufsteigenden Skorpions ist Pluto, und seine Position verändert das aufsteigende Zeichen. Wer Pluto im 3. Haus hat, ist wahrscheinlich gesprächig und weniger fokussiert. Planeten, die in Konjunktion mit dem Aszendenten stehen, verändern ebenfalls dessen Wirkung.

Berühmte Persönlichkeiten mit Skorpion-Aszendent: Aretha Franklin, David Lynch, Robin Williams und Prince.

Aszendent Schütze ♐

Menschen mit Aszendent Schütze sind lustig und freiheitsliebend. Sie gehen das Leben mit so viel Begeisterung und Optimismus an wie kaum ein anderes Tierkreiszeichen. Als geborene Abenteurer sind sie immer auf der Suche nach Erlebnissen, die ihr Leben reicher machen. Viele sind sehr reiselustig oder leben weit entfernt von ihrem Geburtsort. Sie sind auch intellektuell immer »on the road« und besitzen ein großes Bücherregal oder neben ihrem Bett stapeln sich viele Bücher.

Menschen mit diesem Aszendenten sind oft so erfüllt von ihrem Enthusiasmus und den neuen Ideen, die sie auf ihren Entdeckungsreisen gewonnen haben, dass es ihnen an Taktgefühl fehlt und sie andere mit ihren Ansagen vor den Kopf stoßen. Ihre

Der Deszendent

Das Zeichen, das dem Aszendenten oder aufsteigenden Zeichen als Polarität gegenübersteht, ist der Deszendent. Er bildet gleichzeitig die Spitze des 7. Hauses. Dieses Zeichen steht im Moment der Geburt am westlichen Horizont, je nach Datum, Zeit und Ort der Geburt.

Der Deszendent zeigt dir an, von welchem Menschentyp du dich angesprochen fühlst, beziehungsweise wer sich in allen wichtigen Beziehungen zu dir hingezogen fühlt. Man könnte sagen, der Aszendent steht für die Tagesenergie, also das, was du in die Welt hineingibst, und der Deszendent für die Nachtenergie oder für das, was du von anderen erwartest und erhältst.

Außerdem kann er dir Hinweise auf deine »blinden Flecken« geben, die du in Partnerschaften bearbeiten und weiterentwickeln möchtest. Sie werden auch als »vergessenes Selbst« bezeichnet. Damit ist gemeint: Uns stört etwas am Verhalten unseres Gegenübers, bis wir irgendwann erkennen, dass es eigentlich ein Anteil von uns selbst ist, den wir anerkennen müssen. Steht zum Beispiel dein Deszendent im Zeichen Wassermann, findest du es vielleicht frustrierend, dass dein*e Partner*in emotional so distanziert ist. Doch sobald du dir dessen bewusst wirst, wird dir klar, dass es dein eigenes Thema ist, an dem du arbeiten solltest. Das kann ein tiefgreifendes Aha-Erlebnis sein. Oder anders gesagt: Was sich wie Distanziertheit anfühlt, kann sich in ein Gefühl der Unabhängigkeit verwandeln. Mithilfe der sogenannten »Spiegelarbeit« werden Eigenschaften, die uns stören, in positive Charakterzüge transformiert und im Unterbewusstsein verankert. Diesen Aspekt solltest du bei der Partnerwahl berücksichtigen.

Liebenswürdigkeit und ihr Sinn für Humor bewahren sie jedoch vor allzu großen Schwierigkeiten. Sie gelten auch als ein wenig naiv. Körperlich sind sie recht groß und schlank und die meiste Zeit in Bewegung, als ob sie es eilig hätten, zum nächsten Erlebnis durchzustarten – was sie wahrscheinlich auch vorhaben. Der Herrscherplanet des aufsteigenden Schützen ist Jupiter, und die Position dieses Planeten oder von Planeten in der Nähe des Aszendenten verändert das Zeichen. So ist jemand mit Saturn am Aszendenten zum Beispiel weniger kontaktfreudig und wirkt eher ernst.

Berühmte Persönlichkeiten mit Schütze-Aszendent: Jamie Lee Curtis, Arsenio Hall, Prinzessin Diana und Hans Christian Andersen.

Aszendent Steinbock ♑

Wer Steinbock als Aszendent hat, ist meist sehr ehrgeizig, ernsthaft und leistungsorientiert. Diese Menschen gehören definitiv nicht zu den Partylöwen des Tierkreises. Sie zeichnen sich aus durch ihren trockenen Humor und ihr perfektes Timing. Sie sind körperlich meist schlank und »kantig«, haben helle Augen und wählen ihre Kleidung so aus, dass sie Erfolg ausstrahlen. Bei den Farben bevorzugen sie Erdtöne.

Wegen ihrer ernsten Art können sie emotional distanziert wirken, obwohl sie gar nicht so sind – sie zeigen einfach nicht so gern ihre Gefühle. Vielleicht hatten sie eine schwierige Kindheit oder mussten schon früh Verantwortung übernehmen. Je älter sie sind, desto lockerer werden sie auch. Diese Menschen tendieren dazu, Sicherheiten zu suchen, und sie sorgen für ihre Familie und ihre Partner*innen. Doch sie haben die unterschwellige Angst, nicht genug zu sein oder zu tun.

Saturn ist der Herrscherplanet des aufsteigenden Steinbocks, und die Position dieses Planeten oder von Planeten in der Nähe des Aszendenten verändert die Energie des Zeichens. Steht Saturn zum Beispiel im Zeichen der Fische, ist ein Mensch mit Steinbock-Aszendent eher intuitiv veranlagt und hat eine ausgeprägte kreative Seite.

Berühmte Persönlichkeiten mit Steinbock-Aszendent: Queen Elizabeth II., Jane Fonda, Taylor Swift und Josef Stalin.

Aszendent Wassermann ♒

Wer im aufsteigenden Wassermann geboren ist, gilt als originell, neugierig und ist immer ein wenig aufmüpfig. Diese Menschen sind freundlich und lieben den intellektuellen Austausch, vor allem, wenn es darum geht, wie man die Welt oder zumindest einen Teil von ihr retten kann. Sie lieben anregende Streitgespräche und nehmen dabei gern die Rolle des Advocatus Diaboli ein. Ihre Einstellung ist menschenfreundlich, oft idealistisch und zukunftsorientiert. Ihre Vision einer besseren Welt mit mehr Gleichberechtigung ist fortschrittlich, denn sie wollen wirklich mehr Menschlichkeit für alle erreichen, ganz unabhängig von den jeweiligen Überzeugungen. Sie mögen manchmal emotionslos wirken, während sie sich gleichzeitig als engagierte Aktivist*innen um die Rettung der Welt kümmern. Sie sind nicht sehr groß, wirken jugendlich und tragen gern auffällige und individuelle Kleidung. Uranus ist der Herrscherplanet des aufsteigenden Wassermanns, und die Position dieses Planeten oder von Planeten in der Nähe des Aszendenten verändert das Zeichen. Steht zum Beispiel der Mond in der Nähe des Aszendenten, sind die Menschen vielleicht etwas warmherziger und emotionaler.

Berühmte Persönlichkeiten mit Wassermann-Aszendent: Barack Obama, David Bowie, Nicki Minaj und Carl Gustav Jung.

Aszendent Fische ♓

Menschen mit Fische-Aszendent sind die Träumer des Tierkreises, denn sie scheinen im Reich der Fantasie zu schweben. Sie sind äußerst weichherzig und mitfühlend. Als bewegliches Wasserzeichen sind sie wie empathische »Schwämme«, passen sie sich ihrem Umfeld an und spiegeln die Menschen um sie herum. Sie sind fantasievoll und kreativ und gehören zu den am wenigsten geerdeten aufsteigenden Zeichen. Beziehungen, die ihnen Halt geben, sind am besten für sie, denn sie sind anfällig für manipulative Menschen. Ihre extreme Sensibilität macht sie anfällig für Suchtmittel aller Art, auch für verschreibungspflichtige Medikamente. Sie können auch zu Depressionen neigen, weil die Welt ihren Träumen und Idealen nicht gerecht wird. Andere Menschen sind bezaubert von ihrer oft ätherischen Schönheit. Wer es gut mit ihnen meint, will sie beschützen. Neptun ist der Herrscherplanet der aufsteigenden Fische, und seine Position beeinflusst das Zeichen. Neptun in Stier bedeutet zum Beispiel, dass eine Person mit Aszendent Fische mehr Bodenhaftung hat und besser mit weltlichen Dingen verbunden ist. Auch Planeten in der Nähe des Aszendenten beeinflussen die Wirkung des aufsteigenden Zeichens.

Berühmte Persönlichkeiten mit Fische-Aszendent: Michael Jackson, Whitney Houston, Robert Redford (Gründer des unabhängigen Filmfestivals »Sundance«, ein typisches Beispiel) und Bruno Mars.

DEKANE

Jedes Tierkreiszeichen umfasst eine Breite von 30° und ist in drei Dekane von jeweils 10° Breite gegliedert. Das komplexe System entstand im Alten Ägypten und basierte zunächst auf 36 festen Zeichen. Entsprechend waren die 360° ursprünglich in 36 Abschnitte oder Dekane unterteilt. Im 1. Jahrhundert n. Chr. wurden diese Dekane mit den zwölf Tierkreiszeichen verknüpft, als die astrologischen Traditionen Ägyptens und Mesopotamiens miteinander verschmolzen. Daraus gingen zwei Systeme hervor. Wir verwenden das System der Triplizität, um mehr über eine Person zu erfahren. Bei jedem Menschen steht die Sonne analog zum Geburtsdatum in einem bestimmten Dekan.

Die Dekane des Widders

Der erste Dekan ist der des Widders und wird von Mars regiert. Menschen, die in diesem Dekan geboren sind, gelten als die wahren Pioniere des Tierkreises, denn sie sind äußerst handlungsorientiert, tatkräftig und mutig. Sie gehen mit kindlichem Eifer an das Leben heran, und ihre Begeisterung ist von einer liebenswerten Arglosigkeit geprägt. Du befindest dich in diesem Dekan, wenn deine Sonne zwischen 0° und 9° Widder steht. Dieser Dekan gilt etwa vom 22. März bis 1. April.

Der zweite Dekan des Widders wird von der Sonne regiert und ist der Dekan des Löwen. Sonne und Löwe verleihen diesen Menschen eine gewisse majestätische Haltung, denn sie lieben es, in der Welt zu glänzen und viel Aufmerksamkeit zu erlangen. Die feste Qualität des Löwen verleiht der Führungsenergie dieses Dekans eine gewisse Unbeweglichkeit, was bedeutet, dass die Personen stur an ihren Zielen festhalten, egal, was andere wollen. Das kann der Energie eines großspurigen Anführers entsprechen. Du befindest dich in diesem Dekan, wenn deine Sonne zwischen 10° und 19° Widder steht. Dieser Dekan gilt etwa vom 2. bis 11. April.

Der dritte Dekan wird von Jupiter regiert und ist der Schütze-Dekan. Jupiter verleiht dem Zeichen Widder eine großzügige und forschende Qualität. Die Energie des Widders ist normalerweise fokussiert, aber dieser Dekan liebt es, seine persönliche Wahrheit zu erforschen und zu suchen. Diese Menschen sind ausgesprochene Individualisten, die ihren eigenen Weg gehen. Du befindest dich in diesem Dekan, wenn deine Sonne zwischen 20° und 29° Widder steht. Dieser Dekan gilt etwa vom 12. bis 21. April.

Die Dekane des Stiers

Der erste Dekan ist der des Stiers und wird von Venus regiert. Menschen dieses Dekans sind gefestigt und sehr mit der Erde und der materiellen Welt verbunden. Sie verfügen über ein ausgeprägtes instinktives Körperwissen, was bedeutet, dass sie sich gern mit gutem Essen verwöhnen sowie mit schönen Dingen, die man anfassen kann, und die ihnen generell ein gutes Gefühl vermitteln. Übermäßiger Genuss und mangelnde Flexibilität können die Kehrseite dieser Energie sein, aber diese Menschen haben eine friedliche und liebevolle Ausstrahlung und sind normalerweise sehr sinnlich und leidenschaftlich. Du befindest dich in diesem Dekan, wenn deine Sonne zwischen 0° und 9° Stier steht. Dieser Dekan gilt etwa vom 22. April bis 1. Mai.

Der zweite Dekan wird von Merkur regiert und ist der Dekan der Jungfrau. Der Einfluss von Merkur und Jungfrau bringt mehr Flexibilität in die sonst so hartnäckige Energie des

Stiers. Menschen dieses Dekans sind pragmatisch und realistisch und das auf sehr ruhige und bescheidene Art. Die Sensibilität von Jungfrau und Merkur kann dazu führen, dass sie auf andere, die eher visionär und idealistisch veranlagt sind, langweilig wirken, denn sie neigen dazu, anderen vorzuwerfen, nicht in der Realität zu leben. Du befindest dich in diesem Dekan, wenn deine Sonne zwischen 10° und 19° Stier steht. Dieser Dekan gilt etwa vom 2. bis 11. Mai.

Der dritte Dekan wird von Saturn regiert und ist der Dekan des Steinbocks. Diese Menschen sind weniger genießerisch als der Stier, da sie zu sehr mit Erschaffen und Weiterkommen beschäftigt sind, um die Früchte ihrer Arbeit zu genießen – obwohl sie die schönen Dinge des Lebens ebenfalls lieben. Sie haben eine eher strenge Ausstrahlung und können langweilig wirken. Sie sind jedoch Meister beim Aufbauen solider und dauerhafter Strukturen in ihrem Leben, sei es eine Karriere, ein Zuhause oder eine Familie. Wenn du die Person hinter dem Drang, Strukturen zu errichten, kennenlernst, kann sie unter der Oberfläche recht lustig und sinnlich sein. Du befindest dich in diesem Dekan, wenn deine Sonne zwischen 20° und 29° Stier steht. Dieser Dekan gilt etwa vom 12. bis 21. Mai.

Die Dekane der Zwillinge

Der erste Dekan ist den Zwillingen zugeordnet und wird von Merkur regiert. Menschen, deren Sonne in diesem Dekan steht, sind extrem wissbegierig und nehmen permanent Informationen aus den unterschiedlichsten Quellen auf. Sie neigen zur Zerstreutheit und lassen sich leicht ablenken, während sie von einer faszinierenden Sache zur nächsten hetzen. Das wird auch als »Shiny Object Syndrom« oder »Eichhörnchen-Syndrom« bezeichnet. Sie sind sehr schnell im Denken und können mit kühlem Verstand viele verschiedene Informationen verarbeiten, aber weil sie sich so leicht ablenken lassen, vertiefen sie sich nur selten in ein Thema. Du befindest dich in diesem Dekan, wenn deine Sonne zwischen 0° und 9° Zwillinge steht. Dieser Dekan gilt etwa vom 22. Mai bis 1. Juni.

Der zweite Dekan der Zwillinge wird von Venus regiert und ist der Waage-Dekan. Diese Menschen sind gesellig und wollen so oft wie möglich mit anderen zusammenkommen und sich austauschen. Wie alle Zwillinge sind sie neugierig und wollen alles über dich erfahren und wissen, wie du tickst. Dank ihrer angeborenen Neugier beschäftigen sie sich zum Beispiel gern mit Kunst oder mit der Natur. Sie tendieren aber dazu, sich selbst durch die Augen anderer zu sehen, und das macht es ihnen schwer, Entscheidungen ohne die Meinung anderer Leute zu treffen. Sie sind sehr gute Vermittler, denn sie sehen das Gute in den Menschen und können das in Verhandlungen auch der Gegenseite vermitteln. Du befindest dich in diesem Dekan, wenn deine Sonne zwischen 10° und 19° Zwillinge steht. Dieser Dekan gilt etwa vom 2. bis 11. Juni.

Der dritte Dekan wird von Uranus regiert und ist der Dekan des Wassermanns. Diese Menschen sind große Denker und in der Lage, innovative Konzepte zu entwickeln. Sie sind emotional am stärksten distanziert und können aus diesem Grund auf andere unnahbar wirken. Das liegt aber daran, dass sie Dinge aus der Vogelperspektive betrachten und die Zusammenhänge erkennen, die es braucht, um der Menschheit als Ganzes zu helfen. Sie verfügen über ein enormes Wissen, und ihre Visionen sind wie riesige Puzzles aus scheinbar nicht zusammenpassenden Teilen. Sie sind in der Regel sehr freundlich, wollen aber lieber über große Ideen sprechen, als sich auf Small Talk einzulassen. Du befindest dich in diesem Dekan, wenn deine Sonne zwischen 20° und 29° Zwillinge steht. Dieser Dekan gilt etwa vom 12. bis 21. Juni.

Die Dekane des Krebses

Das erste Dekan ist der des Krebses und wird vom Mond regiert. Diese Menschen sind äußerst sensibel und mitfühlend, hegen und pflegen ihre Lieben und haben die Gabe zu tiefen emotionalen Beziehungen. Das kann so weit gehen, dass sie ihre eigenen emotionalen Bedürfnisse nicht äußern, was Unsicherheit und emotional manipulatives Verhalten zur Folge haben kann. Außerdem fällt es ihnen wahrscheinlich schwer, verletzte Gefühle aus der Vergangenheit loszulassen. Ihre Liebe ist sehr intensiv, was für die einen tröstlich ist und auf andere überfordernd wirken kann. Du befindest dich in diesem Dekan, wenn deine Sonne zwischen 0° und 9° Krebs steht. Dieser Dekan gilt etwa vom 22. Juni bis 1. Juli.

Der zweite Dekan wird von Pluto regiert und ist der des Skorpions. Die Emotionen dieser Menschen sind so tief wie der tiefste Ozean, und genau wie der Grund des Ozean nicht zu erreichen ist, können diese Emotionen schwer zugänglich und zum Ausdruck zu bringen sein. Deshalb wirken diese Menschen fast emotionslos, was durch ihre angeborene Zurückhaltung noch verstärkt wird. Natürlich ist das nur der äußere Schein, denn das genaue Gegenteil ist der Fall. Ihre Gefühle sind so stark, dass sie bereit sind, alles für die Menschen, die sie lieben, zu tun – bis hin zur Selbstaufopferung. Die Tiefgründigkeit des Skorpions macht sie besitzergreifend, aber sie sind auch ein hervorragender Zuhörer und können wie kein anderer den Raum für andere halten. Du befindest dich in diesem Dekan, wenn deine Sonne zwischen 10° und 19° Krebs steht. Dieser Dekan gilt etwa vom 2. bis 11. Juli.

Der dritte Dekan wird von Neptun regiert und ist der Dekan der Fische. Dies sind die sensibelsten und sanftesten Menschen, die du je kennenlernen wirst. Sie strahlen eine sehr ätherische Präsenz aus, denn ihre Stimmungen ändern sich je nachdem, was um sie herum geschieht. Es ist oft schwer zu erkennen, was sie wirklich fühlen, und sogar sie selbst sind sich dessen nicht immer bewusst. Wie die Menschen des ersten Dekans sind sie unermüdlich, wenn es darum geht, sich um ihre Lieben zu kümmern, aber sie neigen auch dazu, sich in die Opferrolle zu begeben, wenn sie das Gefühl haben, dass sie von anderen ausgenutzt werden. Diese Menschen müssen lernen, ihre persönlichen Grenzen besser zu ziehen. Du befindest dich in diesem Dekan, wenn deine Sonne zwischen 20° und 29° Krebs steht. Dieser Dekan gilt etwa vom 12. bis 21. Juli.

Die Dekane des Löwen

Der erste Dekan ist der des Löwen und wird von der Sonne regiert. Sie ist die Herrscherin über alles, oder zumindest sehen sich die Menschen dieses Dekans selbst als solche. Sie halten sich für etwas Besonderes und meinen, sie hätten ein Recht darauf, in allem, was sie tun, den Ton anzugeben oder bewundert zu werden, und zwar auf die netteste Art und Weise. Sie sind der Meinung, dazu geboren zu sein, immer an erster Stelle zu stehen, und damit liegen sie nicht ganz falsch, denn sie strahlen Wärme und eine majestätische Präsenz aus. Der Löwe wird vom Herzen regiert, und die Menschen dieses Dekans sind wohlmeinende Führungspersönlichkeiten, denen es aber oft an Bescheidenheit fehlt. Wenn andere sie nicht so sehen wie sie sich selbst, oder ihnen nicht die gebührende Aufmerksamkeit zuteilwerden lassen, können sie sehr verletzt sein. Du befindest dich in diesem Dekan, wenn deine Sonne zwischen 0° und 9° Löwe steht. Dieser Dekan gilt etwa vom 22. Juli bis 1. August.

Der zweite Dekan des Löwen wird von Jupiter regiert und ist der Schütze-Dekan. Das sind die Glücksritter und Risikofreudigen des Zeichens, denn der Einfluss von Jupiter sorgt für eine expansive Stimmung und das Gefühl, so viel Glück zu haben, dass sich alles, was sie anfassen, in Gold verwandelt. Das ist auch häufig der Fall. Diese Menschen neigen dazu, ihr Umfeld mit diesem guten Lebensgefühl zu überschütten, denn sie sind über alle Maßen großzügig. Ihre Risikobereitschaft kann dazu führen, dass sie sich übernehmen, aber in der Regel fallen sie wieder auf die Füße. Du befindest dich in diesem Dekan, wenn deine Sonne zwischen 10° und 19° Löwe steht. Dieser Dekan gilt etwa vom 2. bis 11. August.

Der dritte Dekan wird von Mars regiert und ist der Dekan des Widders. Die Menschen dieses Dekans sind wahre Kämpfernaturen, die mit einem starken Gerechtigkeitssinn in die Welt hinausgehen und glauben, alles erreichen zu können, was sie sich vornehmen. Dies ist oft auch so, denn sie haben einen starken Willen und sind sehr ehrgeizig. Die feste Qualität des Löwen lässt ihn an der Verwirklichung seiner Wünsche festhalten, macht ihn aber auch stur und abweisend gegenüber jeglichem Input von anderen. Er gibt nur selten Fehler zu. Löwen dieses Dekans sind aber sehr offen und ehrlich, egal, was andere sagen oder denken. Du befindest dich in diesem Dekan, wenn deine Sonne zwischen 20° und 29° Löwe steht. Dieser Dekan gilt etwa vom 12. bis 21. August.

Die Dekane der Jungfrau

Der erste Dekan ist der der Jungfrau und wird von Merkur regiert. Menschen, die in diesem Dekan geboren sind, sind äußerst intellektuell und extrem rational veranlagt. Sie sind ausgesprochen leistungsorientiert und versuchen, ihren Arbeitstag immer noch produktiver zu gestalten, um ihre Zeit sinnvoll einzusetzen. Sie genießen geistreiche Beziehungen, in denen sie Pläne und Ideen mit anderen diskutieren können. Sie machen sich aber auch viele Gedanken, und ihr innerer Kritiker ist wahrscheinlich der strengste unter allen Tierkreiszeichen, da sie ständig alles analysieren. Die bewegliche Energie dieses Dekans hat zur Folge, dass sie oft Kurskorrekturen vornehmen, was sowohl Segen als auch Fluch sein kann. Du befindest dich in diesem Dekan, wenn deine Sonne zwischen 0° und 9° Jungfrau steht. Dieser Dekan gilt etwa vom 22. August bis 1. September.

Der zweite Dekan der Jungfrau wird von Saturn regiert und ist der Dekan des Steinbocks. Die impulsgebende Energie von Saturn und Steinbock löst einen Teil der Entscheidungslähmung der Jungfrau und bestärkt sie darin, Strukturen zu schaffen, die ihr materielle Sicherheit verleihen. Diese Menschen wollen immer noch mehr leisten und erreichen, um etwas aufzubauen und Geld zu verdienen, und sie sind eher Investoren als Geldverschwender. Das verschafft ihnen das gewünschte Erfolgserlebnis. Bei manchen Projekten werfen sie das Handtuch, wenn sie das Gefühl haben, zu scheitern. Sie sind sehr verantwortungsbewusst und erfolgreiche Manager, aber ihr Streben nach Erfolg kann dazu führen, dass sie die schönen Seiten des Lebens verpassen. Du befindest dich in diesem Dekan, wenn deine Sonne zwischen 10° und 19° Jungfrau steht. Dieser Dekan gilt etwa vom 2. bis 11. September.

Der dritte Dekan wird von Venus regiert und ist der Dekan des Stiers. Durch die beruhigende Präsenz der Venus und den stabilisierenden Einfluss des Stiers steht dieser Dekan der Jungfrau weniger unter innerer Anspannung als andere. Die Jungfrau stellt gern Dinge mit ihren Händen her, und du wirst feststellen, dass diese Menschen in allen Bereichen kreativ sind, in denen sie etwas formen oder mit anderen natürlichen Materialien arbeiten können, wie zum Beispiel in der Bildhauerei oder der Fingermalerei. Diese Menschen sind etwas langsamer und im Allgemeinen eher zurückhaltend und in sich gekehrt. Sie mögen es auch, sich gut zu kleiden und gut auszusehen, aber auf eine sehr zurückhaltende Art und Weise. Extravaganz ist ihnen fremd. Du befindest dich in diesem Dekan, wenn deine Sonne zwischen 20° und 29° Jungfrau steht. Dieser Dekan gilt etwa vom 12. bis 21. September.

Die Dekane der Waage

Der erste Dekan ist der der Waage und wird von Venus regiert. Menschen dieses Dekans lieben alles Schöne, Genuss, Harmonie und Frieden und möchten, dass ihr Leben möglichst reibungslos verläuft. Am glücklichsten sind sie in Beziehungen, doch die Schattenseiten der Waage sind ihre Streitlust und die Tatsache, dass sie manchmal nur um des Streites willen streitet. Waage-Menschen haben ein feines Gespür dafür, was im Berufsleben gut funktioniert, und ein ausgeglichener erster Dekan wird sich das zunutze machen und eine gesunde Work-Life-Balance schaffen. Ein ausgeglichener Waage-Mensch lebt gern an einem Ort, der sowohl im Außen als auch im Inneren friedlich und schön ist. Du befindest dich in diesem Dekan, wenn deine Sonne zwischen 0° und 9° Waage steht. Dieser Dekan gilt etwa vom 22. September bis 1. Oktober.

Der zweite Dekan der Waage wird von Uranus regiert und ist der Dekan des Wassermanns. Diese Menschen sind individualistischer als die anderen Dekane der Waage und interessieren sich mehr für den Intellekt ihrer Mitmenschen als für Äußerlichkeiten. Auch benötigen sie einen großen persönlichen Bereich, um die für sie wichtige Balance zu finden. Du befindest dich in diesem Dekan, wenn deine Sonne zwischen 10° und 19° Waage steht. Dieser Dekan gilt etwa vom 2. bis 11. Oktober.

Der dritte Dekan wird von Merkur regiert und ist der Dekan der Zwillinge. Diese charmanten Menschen können andere mit ihren Worten regelrecht umgarnen, aber sie sind auch wankelmütig und ruhelos, was das für die Waage so wichtige Gleichgewicht und die Harmonie stören kann. Sie sind sehr gesellig und haben das Bedürfnis, sich regelmäßig mit anderen auszutauschen.

Du befindest dich in diesem Dekan, wenn deine Sonne zwischen 20° und 29° Waage steht. Dieser Dekan gilt etwa vom 12. bis 21. Oktober.

Die Dekane des Skorpions

Der erste Dekan ist der des Skorpions und wird von Pluto regiert. Die Menschen dieses Dekans sind tiefgründig und ausgesprochen intensiv. Sie spielen fast unbewusst Machtspiele mit anderen, während sie versuchen, ihre starken Sehnsüchte und Bedürfnisse erfüllt zu bekommen. Sie sind oft besitzergreifend und können obsessiv sein, da sie mit ihren Partner*innen förmlich verschmelzen wollen. Es ist nicht einfach, mit ihnen zusammen zu sein, aber sie wissen zu schätzen, wenn du ihre Leidenschaft zulässt. Du befindest dich in diesem Dekan, wenn deine Sonne zwischen 0° und 9° Skorpion steht. Der Dekan gilt etwa vom 22. Oktober bis 1. November.

Der zweite Dekan des Skorpions wird von Neptun regiert und ist der Dekan der Fische. Menschen, die in diesem Dekan geboren wurden, sind sehr intuitiv und verführerisch. Sie locken andere mit ihrem besonderen Charme an, der oftmals nicht verrät, was dahintersteckt. Ihre Visionen sind geradezu magisch, und sie haben hohe, aber manchmal auch völlig unrealistische Ideale. Du befindest dich in diesem Dekan, wenn deine Sonne zwischen 10° und 19° Skorpion steht. Der Dekan gilt etwa vom 2. bis 11. November.

Der dritte Dekan wird vom Mond regiert und ist der Krebs-Dekan. Die fürsorglichen und liebevollen Qualitäten des Mondes und des Krebses mildern die Intensität des Skorpions beträchtlich ab, obwohl auch sein empfängliches Wesen sich auf einer tiefen emotionalen Ebene mit anderen verbinden möchte. Diese Menschen sind sehr loyal, haben aber auch ein höheres Maß an Vertrauen. Du befindest dich in diesem Dekan, wenn deine Sonne zwischen 20° und 29° Skorpion steht. Der Dekan gilt etwa vom 12. bis 21. November.

Die Dekane des Schützen

Der erste Dekan ist der des Schützen und wird von Jupiter regiert. Diese Menschen sind unternehmungslustig und optimistisch, auch wenn es ihnen manchmal an Taktgefühl mangelt. Sie beschäftigen sich häufig mit Philosophien und höheren Prinzipien, auch mit verschiedenen Religionen, und bilden sich oft ein Leben lang weiter. Sie können zu Dogmatismus neigen und ihr Wissen vor sich hertragen. Du befindest dich in diesem Dekan, wenn deine Sonne zwischen 0° und 9° Schütze steht. Dieser Dekan gilt etwa vom 22. November bis 1. Dezember.

Der zweite Dekan des Schützen wird von Mars regiert und ist der Dekan des Widders. Diese Menschen können zu Unfällen neigen, da Schützen generell die Angewohnheit haben, überallhin zu stürmen – in Kombination mit der überschäumenden Energie des Mars achten sie vielleicht zu wenig darauf, wo sie gehen. Sie fordern sich selbst ständig heraus und sind in der Regel völlig offen und ehrlich. Diese Menschen brauchen Aktion und Bewegung. Du befindest dich in diesem Dekan, wenn deine Sonne zwischen 10° und 19° Schütze steht. Dieser Dekan gilt etwa vom 2. bis 11. Dezember.

Der dritte Dekan ist der Löwe-Dekan, der von der Sonne regiert wird. Dies ist eine weitere risikofreudige Position, und die Kombination kann dazu führen, dass diese Menschen auf der Suche nach Abenteuern und neuen Erfahrungen ihr Leben aufs Spiel setzen. Sie sind sehr integer, können aber durch ihren Stolz zu Fall gebracht werden, wenn sie sich zu hohe Ziele setzen. Du befindest dich in diesem Dekan, wenn deine Sonne zwischen 20° und 29° Schütze steht. Dieser Dekan gilt etwa vom 12. bis 21. Dezember.

Die Dekane des Steinbocks

Der erste Dekan ist der des Steinbockes und wird von Saturn regiert. Die in diesem Dekan Geborenen verfügen über große Entschlusskraft und können regelrecht Berge versetzen. Sie sind sehr ernsthaft und verantwortungsbewusst. Weil sie die zweifache Energie des Steinbocks besitzen, Verantwortung zu übernehmen, haben sie vielleicht auch doppelt so viel Angst davor, nicht genug zu sein. Sie müssen sich davor hüten, aus Angst vor Misserfolg zu hart zu arbeiten. Du befindest dich in diesem Dekan, wenn deine Sonne zwischen 0° und 9° Steinbock steht. Dieser Dekan gilt etwa vom 22. Dezember bis zum 1. Januar.

Der zweite Dekan des Steinbocks wird von Venus regiert und ist der Dekan des Stiers. Die mittleren Dekane sind oft am ausgeglichensten, und das gilt auch hier. Die Energie von Venus und Stier bewirkt, dass diese Menschen zwar ebenfalls verantwortungsbewusst und zielstrebig sind, aber auch für Entspannung sorgen und die Annehmlichkeiten genießen, die ihre Erfolge mit sich bringen. Sie sind glücklich, wenn sie es etwas langsamer angehen lassen können. Du befindest dich in diesem Dekan, wenn deine Sonne zwischen 10° und 19° Steinbock steht. Dieser Dekan gilt etwa vom 2. bis 11. Januar.

Der dritte Dekan wird von Merkur regiert und ist der Dekan der Jungfrau. Die Menschen dieses Dekans sind ungeduldiger als die ersten beiden Dekane dieses Zeichens und versuchen ständig, alles, was sie gerade tun, so zu optimieren, dass sie schneller zur nächsten Sache übergehen können. Sie haben eine eher nervöse Qualität, da sie sich von der unerbittlichen Entschlossenheit des Steinbocks eingebremst fühlen können. Du befindest dich in diesem Dekan, wenn deine Sonne zwischen 20° und 29° Steinbock steht. Dieser Dekan gilt etwa vom 12. bis 21. Januar.

Die Dekane des Wassermanns

Der erste Dekan ist der des Wassermanns und wird von Uranus regiert. Die Menschen dieses Dekans sind echte Individualisten und Nonkonformisten. Sie sind fortschrittlich eingestellt, gesellig und kontaktfreudig, auch wenn sie oft nur einen kleinen Freundeskreis haben. Sie denken sich ständig neue Pläne und Ideen aus und ihr Verstand steht selten still; ihr übermäßiges Nachdenken kann aber auch Ängste auslösen, wenn sie sich keine Zeit für sich selbst nehmen. Du befindest dich in diesem Dekan, wenn deine Sonne zwischen 0° und 9° Wassermann steht. Dieser Dekan gilt etwa vom 22. Januar bis 1. Februar.

Der zweite Dekan des Wassermanns wird von Merkur regiert und ist der Dekan der Zwillinge. Diese Menschen haben ein ähnliches Wesen wie die des ersten Dekans, sind aber etwas unbeschwerter. Sie sind zwar ebenfalls Individualisten, aber sehr sozial eingestellt, und sie interessieren sich mehr für die Welt als nur für abstrakte Ideen. Viele von ihnen lieben die Literatur. Außerdem sind sie in der Regel sehr kommunikativ und wollen alles, was sie lernen, an andere weitervermitteln. Du befindest dich in diesem Dekan, wenn deine Sonne zwischen 10° und 19° Wassermann steht. Dieser Dekan gilt etwa vom 2. bis 11. Februar.

Der dritte Dekan ist der Waage-Dekan, der von Venus regiert wird. Diese Menschen sind in der Regel von Natur aus gute Politiker*innen, weil sie besonders gut mit anderen Leuten umgehen können und sich ernsthaft dafür einsetzen, das Leben anderer zu verbessern. Sie sehen in der Regel das Beste in ihren Mitmenschen und wollen dazu beitragen, es zum Vorschein zu bringen. Sie sind oft sehr grazil und sanftmütig. Du befindest dich in diesem Dekan, wenn deine Sonne zwischen 20° und 29° Wassermann steht. Dieser Dekan gilt etwa vom 12. bis 21. Februar.

Die Dekane der Fische

Der erste Dekan ist der der Fische und wird von Neptun regiert. Die Menschen dieses Dekans nehmen wie Schwämme alles auf, was um sie herum los ist, denn sie sind äußerst sensibel, intuitiv und mit dem kollektiven Unbewussten verbunden. Sie fühlen sich von mystischen Erfahrungen angezogen, da sie in diesen Sphären zu Hause sind. Sie lassen sich leicht ausnutzen, da sie kaum Grenzen setzen und wie eine wandelnde, nebulöse Wolke aus Träumen und Kreativität zu sein scheinen. Du befindest dich in diesem Dekan, wenn deine Sonne zwischen 0° und 9° Fische steht. Dieser Dekan gilt etwa vom 22. Februar bis 1. März.

Der zweite Dekan der Fische ist der Krebs-Dekan, der vom Mond regiert wird. Diese Menschen sind kreative Romantiker, sehnen sich aber auch am meisten nach Sicherheit und Geborgenheit. Sie sind den Menschen gegenüber, die sie lieben, loyal und können sehr bedürftig sein, wenn sie sich nicht geschützt fühlen. In Sicherheit entfalten sie all ihre künstlerischen und häuslichen Fähigkeiten. Menschen, die in diesem Dekan geboren sind, brauchen die Geborgenheit eines Zuhauses und enge familiäre Bindungen, aber sie wünschen sich auch viel Zeit für sich selbst. Du bist in diesem Dekan, wenn deine Sonne zwischen 10° und 19° Fische steht. Dieser Dekan gilt etwa vom 2. bis 11. März.

Der dritte Dekan wird von Pluto regiert und ist der Skorpion-Dekan. Wer in diesem Dekan geboren ist, fühlt sich oft zu geheimnisvollen und mit Tabus besetzten Bereichen hingezogen, etwa zu Magie, Medialität und Tod. Sie sind oft sehr eng mit der anderen Seite verbunden und können sogar Geister wahrnehmen. Zumindest sind sie sehr intuitiv und spüren, was in ihrer Umgebung vor sich geht. Du befindest dich in diesem Dekan, wenn deine Sonne zwischen 20° und 29° Fische steht. Dieser Dekan gilt etwa vom 12. bis 21. März.

5. KAPITEL

Planeten und andere wichtige Himmelskörper

EIN HOROSKOP BESTEHT aus vielen Elementen. In diesem Kapitel geht es um die Planeten und andere wichtige Himmelskörper, die man auch als das »Was« im Horoskop bezeichnen kann, während die Zeichen für das »Wie« der Planeten in dir stehen. Die Häuser repräsentieren das »Wo«, beziehungsweise die verschiedenen Lebensbereiche.

Das »Was« in deinem Horoskop steht für deine Emotionen, deinen Antrieb, deine Liebesfähigkeit, deinen Verstand oder, anders ausgedrückt, für die wesentlichen Anteile deines Selbst. Die einzelnen Tierkreiszeichen verdeutlichen, in welchem Maße diese Persönlichkeitsanteile in einem Menschen vorhanden sind und ob jemand zum Beispiel eher leidenschaftlich oder eher zurückhaltend ist. Die Häuser oder das »Wo« zeigen die Lebensbereiche an, in denen ein Planet und das jeweilige Zeichen am stärksten in einem Menschen wirken.

In der Vergangenheit wurden in der Astrologie Sonne und Mond sowie die fünf sichtbaren Planeten gedeutet: Merkur, Venus, Mars, Jupiter und Saturn. Die moderne Astrologie arbeitet aber auch mit neu entdeckten kosmischen Körpern. Einige von ihnen findest du in diesem Kapitel, weitere an anderer Stelle im Buch.

In Teil II lernst du, wie du ein Geburtshoroskop erstellst und deutest. Diese Abschnitte helfen dir dabei, alle Teile des Horoskops zu integrieren, um ein ganzheitliches Bild deines Selbst zu erhalten.

DIE SONNE ☉

Die Sonne ist das zentrale Organisationsprinzip sowohl des Sonnensystems als auch des Selbst. Sie ist das Herzstück deiner Identität, und die Sonne in deinem Horoskop verleiht dir Energie. Die Sonne ist Tagesenergie, denn sie strahlt bei Tag und ist wie ein Atemzug, der unseren Körper mit Energie versorgt. Wie die Sonne im Sonnensystem dreht sich auch alles andere um dieses leuchtende Zentrum. Die Sonne regiert das Zeichen Löwe und das Herz, was bedeutet, dass die Sonne dein Herz symbolisiert. In der modernen westlichen Kultur wird die Sonne als männliche oder Yang-Energie angesehen, aber in vielen anderen Traditionen gilt die Sonne aufgrund ihrer lebensspendenden Qualitäten als weiblich.

Die Sonne übernimmt die Rolle der Chefin beziehungsweise der Dirigentin, und wenn du dich auf die Energie deines persönlichen Sonnenzeichens einstellst, bist du am meisten im Einklang mit dir selbst. Die Sonne steht auch für Selbstausdruck, Zielstrebigkeit, Kreativität und für ein gesundes Ego.

Am stärksten drückt sich die Sonnenenergie in einer wohlwollenden Führungspersönlichkeit aus, die das Leben anderer Menschen erhellt und sich davon inspirieren lässt, wie sie andere erleuchten kann. In ihrer schwächeren Ausprägung kann die Sonne prahlerisch und egoistisch sein. Wie die Sonne im Sonnensystem kann auch die Energie der Sonne in uns durch andere Konstellationen gedämpft werden; ein blockiertes Sonnenzeichen kann diese Energie nur sehr schwer entfalten.

DER MOND ☽

Der Mond steht für deine emotionalen Bedürfnisse und deine Verbindung zu Gefühlen. Er ist die sichtbare Energie der Nacht und die Energie des Ausatmens, wenn wir uns am Ende des Tages entspannen und neue Kraft schöpfen. Sowohl das Zeichen Krebs als auch das 4. Haus werden vom Mond regiert. Der Mond steht auch für deine Beziehung zur Familie, zu deinem Zuhause und zu deinen Vorfahren.

Er ist empfangend und reflektiert das Licht, da er selbst nicht leuchtet. Aus diesem Grund wird der Mond in westlichen Kulturen als Yin oder weibliche Energie verstanden, weil das Weibliche in der Regel als passiv angesehen wird. Andere Traditionen glauben, dass die Sonne die Eizelle und der Mond das Spermium ist.

Der Mond verleiht Sicherheit und steht oft für die Mutter oder die Person, die dich in deiner Kindheit »bemuttert« hat. Er regiert die Körperrhythmen, einschließlich der Menstruations- und Schlafzyklen, und viele sind überzeugt davon, dass wir bei Vollmond weniger schlafen und mehr Energie haben, während wir bei Neumond mehr nach innen gerichtet sind und Zeit für uns brauchen. Da die Position des Mondes in unserem Horoskop viel über unsere Beziehung zur Außenwelt aussagt, wirken sich auch die Mondphasen auf uns aus. Jede Mondenergie erlebt eine Art Ebbe und Flut.

MERKUR ☿

Merkur ist sowohl Tag- als auch Nachtenergie und ein Planet des Ein- und des Ausatmens. Er regiert die beiden Zeichen Zwillinge (Yang/Tag/Luft) und Jungfrau (Yin/Nacht/Erde) und steht für Dienen und Nützlichkeit. Die Herrschaft über die beiden Zeichen macht ihn zum am wenigsten binären Planeten. Merkur ist der erste der persönlichen Planeten gleich nach Sonne und Mond.

Merkur steht für Verstand, Kommunikation, das Überbringen von Nachrichten, Detailorientierung, technische Fähigkeiten, Wahrnehmung und Lernen. Auch ist Merkur für die Koordination zuständig, also dafür, wie das Gehirn den Nervenbahnen signalisiert, sich aufeinander abzustimmen.

Je nach seiner Position und wie wir unseren persönlichen Merkur verkörpern, kann er neugierig, witzig, gesellig und vielseitig sein oder nervös, detailversessen und sogar sehr angespannt. Merkur wird auch mit dem Archetypus des Tricksters verbunden – die Tatsache, dass der Planet drei- bis viermal im Jahr rückläufig zu sein scheint, soll ein Hinweis auf seinen betrügerischen Charakter sein, denn der rückläufige Merkur ist bekannt für technische Pannen und Missverständnisse. Der Archetyp des Tricksters stellt gängige Regeln und Gewohnheiten einfach auf den Kopf.

Merkur steht mit Hermes, dem Götterboten, in Verbindung. Er ist der Planet, der unserem Zentrum, der Sonne, am nächsten steht, und übermittelt Informationen vom Zentrum zur Erde. Merkur ist der sonnennächste Planet und befindet sich immer im gleichen Zeichen wie die Sonne oder in einem der beiden benachbarten Zeichen.

VENUS ♀

Venus ist allgemein als Planet der Liebe bekannt, und natürlich hat die moderne Astrologie das als weiblich definiert, obwohl Venus sowohl die Waage, ein Luft-Tag-Zeichen, als auch den Stier, ein Erd-Nacht-Zeichen, regiert. Wie Merkur ist Venus sowohl Tag- als auch Nachtenergie und ein Planet des Ein- und des Ausatmens. Die Definitionen der modernen Astrologie weisen auf eine geschlechtsspezifische Voreingenommenheit hin, weshalb viele sich mit Aussagen wie »Männer kommen vom Mars und Frauen von der Venus« nicht identifizieren können.

Die Venus ist der zweite der persönlichen Planeten, der zweitinnerste Planet und auf ihrer Umlaufbahn kommt sie der Erde am nächsten. Wie Merkur befindet sich die Venus immer entweder im selben oder in einem der benachbarten Zeichen der Sonne.

Venus regiert die Sinne und steht daher für alles, was man sehen, berühren, hören, riechen und schmecken kann, also auch für Menschen, Natur, Geld, Lebensmittel und Dinge. Ebenso symbolisiert sie Werte, Kunst, Schönheit, Sinnlichkeit, Harmonie und Mediation – aber auch Unentschlossenheit, Trägheit und Übermut.

Der Zyklus der Venus weist auf eine komplexere und binäre Energie hin: Als Morgenstern (auch bezeichnet als Phosphoros oder lat. Lucifer = Lichtträger, eine absteigende Yang-Tag-Venus) geht sie deutlich vor der Sonne auf. Als Abendstern (auch griech. Hesperos, eine empfängliche Yin-Nacht-Position) geht sie nach der Sonne unter. Es emp-

Inklusion in der Astrologie

Ich möchte noch einmal darauf hinweisen, dass ein Horoskop oder ein Geburtsdiagramm weder das Geschlecht noch die Hautfarbe eines Menschen angibt – es zeigt nicht einmal an, ob es sich überhaupt auf eine Person bezieht. Denn auch für Ereignisse, Tiere und andere Dinge kann ein Horoskop erstellt werden. Die Astrologie ist archetypisch und mythisch, aber grundsätzlich nicht stereotyp. Möglicherweise vorhandene Klischees gehen vielmehr auf die Praktizierenden und die patriarchalische Konditionierung der Gesellschaft zurück.

Die Astrologie selbst braucht sich nicht zu ändern, um inklusiv und gleichberechtigt zu sein, denn sie ist neutral. Stattdessen muss sich die Sichtweise der Astrolog*innen auf eigene Vorurteile und Konditionierungen ändern.

Wer die Astrologie voranbringen will, muss sich seiner eigenen Voreingenommenheit bewusst werden und daran arbeiten, um jedem Ratsuchenden als einzigartigem Individuum zu begegnen. Viele Astrolog*innen arbeiten mit einem Anmeldeformular für neue Klient*innen; bei der Auswahl solltest du darauf achten, ob darin nach der bevorzugten Anrede gefragt wird. Achte auch auf die Art der Sprache in seinem oder ihrem Marketing und in Veröffentlichungen.

Ich schlage vor, dass du bei der Deutung deines Horoskops die Begriffe »Tag« und »Nacht« sowie »einatmen« und »ausatmen« verwendest und dir deine eigenen, tief verwurzelten geschlechternormativen Denkmuster bewusst machst. So könnte zum Beispiel ein Horoskop mit sehr starken Feuer- und Luftzeichen typischerweise als sehr »männlich« beschrieben werden. Wenn man aber sagt, dass dieses Horoskop eine Tages- und Einatmungsbetonung hat, schließt das wesentlich mehr Menschen und Lebenseinstellungen ein.

fiehlt sich, dies sowie ihre Position in den Zeichen und Häusern und die Aspekte mit anderen Planeten zu berücksichtigen, um sich ein umfassendes Bild von der Venus einer Person zu machen.

MARS ♂

Mars ist der letzte der persönlichen Planeten und der einzige Planet, der weiter von der Sonne entfernt ist als die Erde. Da Mars uns in die äußeren Bereiche des Sonnensystems und weg von der Sonne führt, ist seine Energie eher nach außen gerichtet. Mars regiert Widder, den Pionier des Tierkreises. In der traditionellen Astrologie beherrscht Mars interessanterweise auch das Zeichen Skorpion.

Die traditionelle Astrologie stützt sich im Allgemeinen auf die Planeten und wichtigen Himmelskörper, die man mit bloßem Auge sehen kann. Demnach sind die Planeten vom Mond bis zum Saturn die Herrscher der einzelnen Zeichen. Der rote Planet Mars steht als traditioneller Herrscher des Skorpions für Nacht und Ausatmen. In der modernen Astrologie ist Mars dagegen Yang-Energie (Tag).

Mars symbolisiert Aktion, Tatkraft, Mut, Führung, Durchsetzungsvermögen, Aggression und Wut. Er gilt bei vielen als Symbol für Kampf und Wettbewerb, doch die von der Venus beherrschte Waage steht ebenfalls für Krieg, aber auch für Frieden. Auch hier ist die Astrologie komplexer, als manche vielleicht denken.

Allgemein verbindet man mit dem Mars Körperlichkeit und Wettstreit. Messer und Waffen sind Symbole für den Mars. Er steht für Leidenschaft, Ungeduld und Lebenskraft und somit für das Einatmen. Ohne ihn würden wir im Leben wenig erreichen. Mars hilft uns, unsere Wünsche zu erfüllen. Der Planet verkörpert unsere animalische Natur, die wir alle mehr oder weniger ausgeprägt haben, je nach seiner Position im individuellen Horoskop. In seiner nächtlichen Inkarnation als traditioneller Herrscher des Skorpions ist Mars durchsetzungsfähig und leidenschaftlich.

JUPITER ♃

Jupiter wird oft als Erster der gesellschaftlichen oder sozialen Planeten bezeichnet, da er zu den sichtbaren Planeten gehört, die am weitesten von der Erde entfernt sind. Er markiert den Übergang von den persönlichen Planeten zu den äußeren geistigen Planeten. Sie wurden vor noch nicht langer Zeit entdeckt. Jupiter ist als Herrscher des Feuerzeichens

Schütze ein Tag- und Einatemplanet. Als traditioneller Herrscher der Fische ist Jupiter jedoch ein Nacht- oder Ausatemplanet. Diese diffuse Energie muss berücksichtigt werden, wenn man die Bedeutung des Planeten in einem Horoskop analysiert.

Jupiter regiert Schütze, das Zeichen der Wahrheitssuche und des Glaubens, sowie das 9. Haus. Jupiter ist der Meister oder Lehrer des Tierkreises und symbolisiert göttliche Energie. Im römischen Götterhimmel gab es ursprünglich einen Rat von sechs Göttern und sechs Göttinnen, genannt »Dei Consentes«, doch Jupiter stieg später in der römischen Kultur zum Hauptgott auf.

Der Planet Jupiter als Gott des Himmels versinnbildlicht Freiheit, Optimismus, Großzügigkeit, Glück, Expansion, Weite und Wahrheit. Jupiter ist der Prophet, der Weise, der Weltenwanderer und Entdecker. Jupiter steht aber auch für Großspurigkeit, Inflation, Prahlerei und Schaumschlägerei.

Jupiter wird oft als Glücksplanet bezeichnet, und das mag auch stimmen, doch er repräsentiert auch Überspanntheit und alle Formen von Übertreibung.

SATURN ♄

Saturn ist der zweite der gesellschaftlichen Planeten und der letzte der in der traditionellen Astrologie üblichen sichtbaren Planeten. Saturn regiert das Yin-Erdzeichen Steinbock, und doch werden dem Planeten Eigenschaften zugeschrieben, die traditionsgemäß als männlich angesehen werden. Vergessen wir aber nicht, dass alle Geschlechter diese Eigenschaften besitzen. Saturn ist eine kältere Nachtenergie und als Herrscher des Steinbocks ein Planet des Ausatmens. In der traditionellen Astrologie war Saturn der Herrscher von Uranus und weist auch eine Energie des Tages und des Einatmens auf. Bitte beachte bei der Deutung deines Horoskops die Tages- oder Nachtenergie des Saturn je nach seiner Position in deinem Zeichen. Saturn steht für das 10. Haus.

In Übereinstimmung mit der Vorstellung von der äußeren Begrenzung unseres Sonnensystems symbolisiert Saturn äußere Autorität. Er repräsentiert aber auch die Eltern oder den Vater beziehungsweise die Energie des Elternteils, der mehr Yang-Energie aufweist. Saturn steht für Grenzen, Regeln und Einschränkungen, Angst, Abgrenzung und Kontrolle. Er symbolisiert aber auch Reife, Traditionen, sensorische Wahrnehmung und das Älterwerden.

Für diese Qualitäten wurde Saturn bisweilen manchmal verteufelt, doch für die Entwicklung von Strukturen in unserem Leben sind Grenzen und ein bewusster Umgang mit Beschränkungen notwendig. Sie erlauben uns, hinter uns die Tür zu schließen –

sowohl im wörtlichen als auch im übertragenen Sinne –, um uns von der aktionsorientierten Energie des Tages zu erholen. Saturn kann das Rückgrat und der Anker deines Lebens sein, wenn du bereit bist, mit dieser Position in deinem Horoskop zu arbeiten.

URANUS ♅

Uranus ist der erste der in jüngerer Zeit entdeckten geistigen (äußeren) Planeten, die mit dem bloßen Auge kaum zu sichten sind. Uranus wurde 1781 von Friedrich Wilhelm Herschel mithilfe eines Teleskops entdeckt, und es war bestimmt ein gewaltiger Paukenschlag, jenseits der Grenzen des bisher bekannten Sonnensystems noch einen weiteren Planeten vorzufinden. Uranus regiert das Zeichen Wassermann und das 11. Haus. Mit der Entdeckung von Uranus begann die Erforschung von größeren, kollektiven Kräften, was die Sichtweise der Astrologie nachhaltig veränderte. Vorstellungen von der Seele und großer planetarischer Zyklen waren bis dahin durch das vermeintlich geschlossene Sonnensystem mit Saturn an seiner äußersten Grenze eingeschränkt gewesen. Dies passt zur erwachenden Energie und den aufgelösten Grenzen, für die Uranus steht. Im Gegensatz zu anderen Planeten ist die Rotationsachse von Uranus um rund 98° geneigt.

Uranus steht für Individualität, Einzigartigkeit, unkonventionelles Denken und Unabhängigkeit; er ist der Revolutionär und Rebell unter den Planeten. Als solcher verkörpert er eine Tagesenergie des Handelns, der Aktivität und des Aufbruchs. Die Position von Uranus in deinem Horoskop zeigt dir, in welchen Bereichen du deinen eigenen Weg gehen und dich vom Gewohnten lösen solltest. Uranus ist das erfinderische Genie, das offen ist für ganz neue Erkenntnisse, Ideen und Zusammenhänge.

NEPTUN ♆

Neptun wurde 1846 entdeckt und ist der zweite der geistigen (äußeren) Planeten. Passend zur nebulösen Natur von Neptun beruhte seine Entdeckung nicht auf empirischer Beobachtung, sondern auf mathematischen Berechnungen, basierend auf der Hypothese, dass ein Planet die Umlaufbahn des Uranus beeinträchtige. Heute wissen wir, dass Galileo Galilei Neptun bereits im 17. Jahrhundert beobachtet hat, doch möglicherweise hat er ihn mit einem Stern verwechselt. Diese etwas konfuse Entdeckung versinnbildlicht, wofür Neptun steht.

Der Herrscher über das Zeichen Fische und das 12. Haus symbolisieren Illusionen, Verwirrung, Bewusstsein, Sensibilität und tranceartige kreative Energie. Neptun repräsentiert alle Bereiche der Mystik und des Geheimnisvollen, aber auch Süchte und Opferkomplexe. Neptun ist grenzenlos und opferbereit, aber auch heilend und sanft. Die Neptunenergie wirkt auflösend und vernebelt alles, was sie berührt. Als empfänglicher und fühlender Planet ist Neptun eine Nachtenergie oder ein Planet des Ausatmens.

Zwergplaneten

Die Entdeckung der sogenannten Zwergplaneten fällt in die Zeit des Übergangs vom Fische- zum Wassermannzeitalter und veränderte die Astrologie grundlegender und schneller als je zuvor.

Astrologische Zeitalter umfassen etwa 2160 Jahre und stehen jeweils für einen wichtigen Zeitabschnitt in der Weltgeschichte. Innerhalb von 25 920 Jahren durchlaufen wir alle Sternbild-Zeitalter. Das Zeitalter der Fische begann vermutlich im Jahr 1 n. Chr. und fällt zusammen mit der Geburt von Jesus Christus, seinem Wirken und der Entstehung des Christentums. Derzeit befinden wir uns im Wechsel vom Fische- zum Wassermannzeitalter. (Die Zeitalter laufen rückwärts durch die Zeichen.)

Seit der Entdeckung des Kleinplaneten Eris im Jahr 2005 gibt es fünf anerkannte Zwergplaneten im Sonnensystem. Der frühere Planet Pluto wurde zum Zwergplaneten herabgestuft, während der bisherige Asteroid Ceres »befördert« wurde. Weitere Zwergplaneten sind Haumea, MakeMake, Sedna, Orcus, Quaoar, Varuna, Ixion und weitere transneptunische Objekte im Kuipergürtel. Schätzungen zufolge gibt es noch mindestens 100 Objekte, die als Zwergplaneten klassifiziert werden können und die bei der Erforschung des Kuipergürtels noch zu entdecken sind – und viele Tausend mehr.

Manche Astrolog*innen beschäftigen sich in ihrer Arbeit mit diesen Objekten. Da es sich jedoch um ein noch junges Gebiet mit immer neuen Entdeckungen handelt, werden in diesem Buch nur Pluto und Ceres behandelt.

PLUTO ♇

Pluto ist der letzte der geistigen (äußeren) Planeten und wird überwiegend in der modernen Astrologie analysiert. In der Astronomie gilt Pluto aufgrund seiner geringen Größe nur noch als Zwergplanet. Nach der Entdeckung des Kleinplaneten Eris wurden die Kategorien für Planeten neu definiert, und Pluto passte nicht mehr in das bisherige System. In die neue Kategorie der Zwergplaneten wurde auch Ceres aufgenommen. Dies hat jedoch die dem Pluto innewohnende Kraft nicht geschmälert. Da Pluto für die Energie der Transformation steht, ist es keine Überraschung, dass er zusammen mit den neu entdeckten Zwergplaneten die Astrologie weiter verändert.

Pluto regiert das Zeichen Skorpion und das 8. Haus und ist eine Nacht- oder Ausatmungsenergie. Pluto symbolisiert persönliche Veränderung, psychologische Tiefe und den Wunsch der Seele, sich weiterzuentwickeln. Als Wächter der Unterwelt hütet Pluto unsere persönlichen Kraftquellen, die in den Tiefen unserer Psyche verborgen sind. Pluto versinnbildlicht alles, was von vielen als Tabu angesehen wird, einschließlich Sexualität, Verdrängung, Depression und zwanghaftem Verhalten. Pluto symbolisiert die tiefere Realität und den Bereich der karmischen Wunden. Es ist eine intensive und kraftvolle Energie, die einerseits für persönliches Empowerment, andererseits aber auch für Ohnmacht steht.

DIE ESSENZIELLEN WÜRDEN UND SCHWÄCHEN DER PLANETEN

Die Planeten herrschen nicht nur über ein oder mehrere Tierkreiszeichen oder beeinflussen ein Zeichen je nach ihrer Position. Sie wirken sich je nach ihrer Stellung außerdem in bestimmten Zeichen förderlicher oder schwächer aus als in anderen. Diese Positionen werden als »Würde« und »Schwäche« bezeichnet. Wenn du neben der Herrscherposition auch die essenziellen Würden und Schwächen betrachtest, kannst du die Planeten und Zeichen eines Horoskops besser verstehen.

Die vier essenziellen Würden und Schwächen lauten:

- **Domizil:** Das ist der Ort der eigenen Herrschaft eines Planeten. Dort kann er seine besten Eigenschaften entfalten.
- **Exil:** Steht der Planet in dem Zeichen, das seinem Domizil gegenüberliegt, gilt er als schwach oder entfaltet negativere Eigenschaften.
- **Erhöhung:** In diesem Zeichen entfaltet ein Planet eine besonders positive Wirkung.

- **Fall:** Wenn sich der Planet im entgegengesetzten Zeichen zu seiner Erhöhung befindet, gilt er als am schwächsten.

Wenn ein Planet über keine der vier essenziellen Würden verfügt, ist er ein sogenannter »peregriner Planet«. Er gilt als geschwächt, deshalb sind seine jeweiligen Aspekte (Winkelbeziehungen) wichtiger. Der Erfahrung nach wirken sich Exil und Fall nicht immer negativ aus, vor allem, wenn die Aspekte positiv sind. In der folgenden Übersicht siehst du die Würden und Schwächen deiner persönlichen Planeten.

Die essenziellen Würden und Schwächen der einzelnen Planeten
Sonne: Domizil in Löwe, Exil in Wassermann, Erhöhung in Widder, Fall in Waage
Mond: Domizil in Krebs, Exil in Steinbock, Erhöhung in Stier, Fall in Skorpion
Merkur: Domizil in Zwillinge und Jungfrau, Exil in Schütze und Fische, Erhöhung in Jungfrau, Fall in Fische
Venus: Domizil in Stier und Waage, Exil in Skorpion und Widder, Erhöhung in Fische, Fall in Jungfrau
Mars: Domizil in Widder und Skorpion, Exil in Waage und Stier, Erhöhung in Steinbock, Fall in Krebs
Jupiter: Domizil in Schütze und Fische, Exil in Zwillinge und Jungfrau, Erhöhung in Krebs, Fall in Steinbock
Saturn: Domizil in Steinbock und Wassermann, Exil in Krebs und Löwe, Erhöhung in Waage, Fall in Widder
Uranus: Domizil in Wassermann, Exil in Löwe, Erhöhung in Skorpion, Fall in Stier
Neptun: Domizil in Fische, Exil in Jungfrau, Erhöhung in Löwe (oder Krebs, je nachdem, welches Buch du liest), Fall in Wassermann (oder Steinbock)
Pluto: Domizil in Skorpion, Exil in Stier, Erhöhung in Widder (oder in Fische), Fall in Waage (oder Jungfrau)

Nachdem bisher die verschiedenen Bausteine des Horoskops gedeutet wurden, ist es nun an der Zeit, die einzelnen Teile in eine zusammenhängende Geschichte der Seele einzubinden. Im nächsten Kapitel geht es um die Aspekte, also die Abstände (beziehungsweise Winkelbeziehungen) der Planeten zueinander und zum Aszendenten.

6. KAPITEL

Die Aspekte

DIE ASPEKTE SIND die verschiedenen Abstände der Planeten und anderer kosmischer Körper im Horoskop zueinander. Diese werden im Tierkreis als Winkel gemessen. Je nach Winkel unterscheidet man verschiedene Hauptaspekte. Diese verknüpfen die verschiedenen Elemente des Horoskops zu einem geschlossenen Gesamtbild. Das Thema ist sehr komplex und nur durch Übung zu meistern, daher solltest du die Grundlagen beherrschen.

Aspekte beziehen sich auf den Abstand in Grad zwischen den einzelnen Bereichen des Horoskops. Ein Horoskop bildet einen Kreis (360°), und jeder Aspekt ist eine Unterteilung davon. So teilen zum Beispiel die quadratischen Aspekte das Horoskop durch vier und bilden einen 90°-Winkel. Wie alles im Horoskop symbolisieren auch die Aspekte sowohl Yin als auch Yang beziehungsweise Tag und Nacht. Neben eher handlungsorientierten Aspekten gibt es mehr empfängliche Aspekte, die die Tag- und Nachtpositionen miteinander verbinden.

Alle Aspekte erzeugen motivierende Elemente und anregende Impulse, die eine Person zum Handeln bewegen können. Wie anregend ein Aspekt sich auswirkt, hängt vom Aspekt selbst und von den daran beteiligten Elementen ab. Es gibt keine guten oder schlechten Aspekte, denn die weniger harmonischen Aspekte verleihen uns tendenziell mehr Antrieb, verursachen aber auch mehr Stress, während die harmonischen Aspekte eher bewusste Anstrengungen erfordern, um aktiv zu werden. Dafür sind sie aber leichter zu bewältigen. Darauf gehe ich in den nächsten Kapiteln näher ein.

Grundsätzlich werden alle Aspekte, die das Horoskop durch eine gerade Zahl teilen, als Nachtaspekte betrachtet, da sie ungleiche Energien integrieren müssen. Dagegen sind die Aspekte, die das Horoskop durch ungerade Zahlen teilen, Tagaspekte; sie sind geprägt durch das kraftvolle Zusammenwirken der einzelnen Elemente. Zu den Hauptaspekten gehören Konjunktion (0° Abstand; zwei Planeten stehen in unmittelbarer Verbindung), Opposition (180° Abstand), Trigon (120° Abstand), Quadrat (90° Abstand), und Sextil (60° Abstand).

Ich empfehle dir, dich zunächst vor allem auf die Hauptaspekte zu konzentrieren, vor allem, wenn du noch ganz am Anfang stehst. Mit etwas mehr Erfahrung kannst du die übrigen Aspekte dann später dazu nutzen, ein Horoskop noch differenzierter zu betrachten.

KONJUNKTION ☌ 0°

Man spricht von einer Konjunktion, wenn zwei Planeten oder andere zentrale Körper im Horoskop zusammen oder in einem geringen Abstand von wenigen Grad zueinander stehen. Dieser Aspekt hat entweder eine Nacht- oder eine Tagbetonung, was wiederum von der Verbindung der Planetenkörper, dem Zeichen und dem jeweiligen Haus abhängig ist.

Eine Konjunktion ist die unmittelbare kraftvolle Verbindung von zwei Planeten oder Körpern. Sie verstärkt die Symbolik der beiden Planeten und vermengt ihre jeweiligen Energien miteinander. Das macht es schwierig, die Energien der einzelnen Körper zu erkennen. Jeder der beiden Planeten scheint seine Individualität zu verlieren und Eigenschaften des jeweils anderen zu übernehmen. Dabei hat der äußere Planet meist größeren Einfluss auf den inneren Planeten. Je enger die Konjunktion, desto stärker verbindet sich die Symbolik der Planeten. Da hat zur Folge, dass ihre Stärken kaum voneinander zu unterscheiden sind.

Die Konjunktion gilt als harmonischer Hauptaspekt. Du solltest aber wissen, wie sich die Symbolik der Planeten, Zeichen und der Häuser im Zusammenspiel auf die Qualität dieses Aspekts auswirkt. Steht zum Beispiel Neptun in Konjunktion mit Venus, kann es der betreffenden Person schwerfallen, andere zu durchschauen, und sie wirkt selbst etwas abgehoben. Solche Menschen sind oft von einem unrealistischen Idealismus beseelt, den sie an sich selbst aber nicht erkennen können.

OPPOSITION ☍ 180°

Eine Opposition liegt vor, wenn sich zwei Planeten oder andere wichtige Körper im Horoskop sichtbar gegenüberstehen und etwa 180° voneinander entfernt sind. Mit anderen Worten: Man teilt die 360° des Tierkreises durch zwei und erhält so den 180°-Aspekt. Die Opposition gilt traditionell als disharmonischer Aspekt. Hier geht es darum, die gegensätzlichen Energien eines Horoskops zu integrieren. Dies ist ein Nachtaspekt und eine Energie des Ausatmens. Um herauszufinden, wie die beiden Elemente zusammenarbeiten können, muss man die Symbolik der Planeten, Zeichen und Häuser miteinander verbinden.

Dieser Aspekt bietet einen besseren Überblick als die Konjunktion. Die entgegengesetzten Planeten können sich sehen und man kann schnell erkennen, wie man die beiden integrieren kann. Die beiden Planeten kommunizieren und verhandeln miteinander. Stell es dir vor wie eine Verhandlung zwischen zwei Personen, die sich von Angesicht zu Angesicht gegenüberstehen.

Steht zum Beispiel der Mond in Opposition zu Jupiter, wird die betroffene Person große emotionale Höhen und Tiefen erleben, da Jupiter expandiert und der Mond für Emotionen steht. Die Stellungen der Zeichen und Häuser ermöglichen ein noch umfassenderes Gesamtbild.

TRIGON △ 120°

Das Trigon ist ein Aspekt, bei dem die Planeten etwa 120° voneinander entfernt sind, was bedeutet, dass die 360° des Tierkreises durch drei geteilt werden. Diese Aspekte befinden sich fast immer im selben Element. Dies ist der harmonischste und am stärksten fließende Aspekt. Die Planeten arbeiten mühelos zusammen, ergänzen und bereichern sich gegenseitig. Dies ist ein Tagesaspekt oder eine Energie des Einatmens.

Das Trigon zeigt uns, wo unsere natürlichen Stärken liegen. Die beiden Planeten stehen meistens in den Zeichen desselben Elements und arbeiten in einer symbiotischen Beziehung zusammen. Da die Aspekte jedoch so leicht fließen, gibt es nur wenig Impulse, diese Stärken bewusst zu nutzen. Dieser Aspekt wirkt instinktiv, aber wenn er aktiviert ist, kann er das Gefühl vermitteln, wirklich im Gleichgewicht zu sein.

Venus in der Waage im Trigon zu Neptun im Wassermann bedeutet zum Beispiel, dass eine Person vermutlich sehr intuitiv und kreativ ist, aber weil diese Gaben so selbstverständlich für sie sind, kann es sein, dass sie diese Stärken im täglichen Leben nicht nutzt. Da Trigone normalerweise im selben Element (in diesem Fall Luft) stehen, bedeutet das oft, dass jemand nicht den Impuls eines anderen Elements einsetzt, um den Aspekt zu optimieren. Wenn die Person sich dessen jedoch bewusst wird und beginnt, diese Stärken in ihr Leben zu integrieren, kann sie das Potenzial ihrer Seele mit Leichtigkeit entfalten.

QUADRAT □ 90°

Der herausforderndste und am meisten Energie verleihende Aspekt ist das Quadrat. Zwei Planeten oder andere Körper stehen in einem Winkel von 90° voneinander entfernt. Dafür werden die 360° des Tierkreises durch vier geteilt. Dies ist ein Nachtaspekt oder eine Energie des Ausatmens.

Bei einem quadratischen Aspekt stehen die Planeten in der stärksten Spannung zueinander, denn sie streben in unterschiedliche Richtungen. Der Winkel des Quadrats signalisiert, dass die Planeten sich zwar nicht sehen können, sich aber gegenseitig beeinflussen.

Dieser Aspekt gilt als disharmonisch, verleiht aber gleichzeitig den größten Antrieb, die mit diesem Aspekt verbundenen Hindernisse und Lektionen in der persönlichen Entwicklung in Angriff zu nehmen. Die Planeten wetteifern geradezu um die Vorherrschaft, doch wenn die Person die gegensätzlichen Energien bewusst miteinander vereinbaren kann, hat dieser Aspekt große Kraft.

So kann beispielsweise Venus im Quadrat zu Saturn auf eine emotional blockierte Beziehung und/oder auf Zurückhaltung im Umgang mit Geld hinweisen. Bei bewusster Wahrnehmung und Reife kann sich die Spannung lösen und eine stabile Beziehung und/oder finanzieller Erfolg möglich werden.

SEXTIL ⚹ 60°

Das Sextil verbindet zwei Planeten, die etwa 60° voneinander entfernt sind. Die 360° des Tierkreises werden durch sechs geteilt. Das Sextil ist ein Aspekt der Möglichkeiten, der ebenfalls als eher harmonisch angesehen wird. Auch das Sextil erfordert eine bewusste Anstrengung, um die potenziell vorhandene Kraft anzunehmen und zu verwirklichen. Ist es aber aktiviert, eröffnet es Wachstumsmöglichkeiten, die großes Potenzial mit sich bringen können. Das Sextil wird zwar manchmal als schwächeres Trigon beschrieben, aber das ist zu stark vereinfacht. Bei allen Aspekten verändern die beteiligten Planeten, Zeichen und Häuser die Kraft des Aspekts erheblich. Dies ist in der Regel ein Tagesaspekt oder ein Aspekt des Einatmens, aber die beteiligten Elemente müssen ebenfalls berücksichtigt werden.

Das Sextil ist meist ein Aspekt, bei dem sich die beteiligten Planeten gegenseitig befruchten, denn es vereint meist Planeten in zwei unterschiedlichen Elementen und sorgt so für weitere Impulse und Effekte.

Ein Beispiel: Mars in den Zwillingen könnte im Sextil zu Saturn im Löwen stehen. Die Kombination von Mars (Wille) und Saturn (Entschlossenheit) in Luft (Zwillinge als Symbol für Kommunikation) und Feuer (Löwe als Symbol für Führung) könnte eine sehr starke Führungspersönlichkeit hervorbringen, die souverän auftritt.

DER ORBIS

Ein Orbis bezeichnet die zulässige Abweichung vom exakten Abstand bei jedem Aspekt. Die zugelassenen Orben sind in den astrologischen Traditionen sehr umstritten, und Astrolog*innen haben ihre eigene Meinung dazu. Im Allgemeinen bekommen Aspekte zu

Sonne und Mond einen größeren Orbis, ebenso wie die ptolemäischen beziehungsweise Hauptaspekte; bei Konjunktion und Opposition sind die größten Abweichungen erlaubt. Bitte betrachte die hier vorgeschlagenen Orben als Richtwerte. Mit etwas Übung wirst du herausfinden, was für dich funktioniert und ob eine Planetenstellung einen größeren Orbis braucht.

Konjunktion: 10° Orbis für Leuchtkörper und 8° für andere Planeten
Opposition: 9° Orbis für Leuchtkörper und 7° für andere Planeten
Trigon und Quadrat: 8° Orbis für Leuchtkörper und 6° für andere Planeten
Sextil: 4° Orbis für Leuchtkörper und 3° für andere Planeten
Quinkunx, Quintil, Halbquadrat und Anderthalbquadrat: 3° Orbis für Leuchtkörper und 2° für andere Planeten
Halbsextil: 2° Orbis für Leuchtkörper und 1° für andere Planeten

QUINKUNX 150° ⚻

Dies ist ein herausfordernder Aspekt, an dem Planeten verschiedener Elemente und Modalitäten beteiligt sind, sodass es schwierig ist, eine gemeinsame Basis zwischen den sich eigentlich fremden Planeten zu erkennen. Es ist ein Aspekt der Unverbundenheit, der dazu einlädt, zu verstehen, dass die Planeten nicht so integriert werden können, wie es bei einer Opposition oder einem Quadrat möglich ist. Die Unterschiede zwischen ihnen sind sehr komplex, und damit die betroffene Person das Bedürfnis versteht, zwei Lebensbereiche voneinander abzukoppeln, ist es notwendig, ein tiefgreifendes Bewusstsein und Verständnis für diesen inneren Impuls zu schaffen.

Die Disharmonie dieses Aspekts zeigt sich darin, dass der Winkelabstand von 150° keine ganzzahlige Teilung der 360° des Tierkreises ist.

Ein Beispiel: Eine Person mit Venus im Löwen im Quinkunx zu Saturn im Steinbock ist verspielt, hat ein fröhliches und liebevolles Wesen und ist sehr gern mit Kindern zusammen. Gleichzeitig hat sie aber das Bedürfnis, hart zu arbeiten und sich dadurch Sicherheiten aufzubauen. Diese Person fühlt sich hin- und hergerissen zwischen dem Bedürfnis, zu spielen, und dem Wunsch, zu arbeiten. Ihr fällt es schwer, beides unter einen Hut zu bringen, und sie hat ständig das Gefühl, das andere tun zu »müssen«, was Schuldgefühle erzeugt.

Das Harmonische Horoskop

Das Harmonische Horoskop ist eine andere Betrachtungsform der Aspekte, entwickelt von John Addey in seinem 1976 erschienenen Buch *Harmonics in Astrology*. Harmonische Horoskope basieren auf den Schwingungen und Obertönen, die in jedem Horoskop vorhanden sind. Das ist eine komplizierte Berechnung, die zum Glück die meisten guten Astrologieprogramme übernehmen. In einem Harmonischen Horoskop gibt es keine Zeichen und Häuser, sondern nur Aspekte. Wählt man für die Berechnung den ganzen Tierkreis von 360°, zeigt er die Grundschwingung mit der Zahl 1. Man unterteilt den Kreis entsprechend der Zahl des gewünschten Harmonischen Horoskops. Die Harmonische Zahl gibt die darin enthaltenen Themen vor.

Das 4. Harmonische Horoskop zeigt zum Beispiel, wie wir mit Stress und Konflikten umgehen und vereint Aspekte, die den Tierkreis durch vier teilen. Das 5. Harmonische Horoskop hat mit Kraft und Bewegung zu tun und vereint Quintil und Biquintil, während das 7. für Inspiration und Kreativität steht. Da es unendlich viele Harmonische Zahlen und Horoskope gibt, empfehle ich dir, dich erst damit zu beschäftigen, wenn du die Grundlagen der Horoskopdeutung beherrschst.

QUINTIL 72° Q

Das Quintil teilt die 360° des Tierkreises durch fünf, um einen 72°-Aspekt zwischen zwei Planeten im Horoskop zu bilden. Es ist ein Tagesaspekt beziehungsweise ein Aspekt des Einatmens. In einem Horoskop steht ein Quintil in der Regel für kreative Talente, besonders in Bezug auf die Bildung von Mustern und Strukturen. Diejenigen, die ein Quintil oder mehrere Quintile in ihrem Horoskop haben, fühlen sich in der Regel wohler, wenn sie Verhaltensmuster schaffen oder vorfinden, welche die beiden beteiligten Planeten optimal nutzen, da sie die Betroffenen stark antreiben.

Ein Quintil zwischen Merkur und Jupiter bedeutet zum Beispiel, dass jemand so viel wie möglich lernen möchte, denn Merkur steht für Verstand und Wissen und Jupiter für Expansion. Diese Person liest vermutlich viel und/oder besucht zahlreiche Kurse. Die Sonne kann nicht in einem Quintil zu Merkur oder Venus stehen, da die drei zu eng beieinanderstehen und nie 72° voneinander entfernt sind.

HALBQUADRAT ∠ 45°

Das Halbquadrat teilt die 360° des Tierkreises durch acht. Es beruht auf der Halbierung des Quadrats und bildet eine Blockade. Dadurch ähnelt es dem Quadrat. Das Bewusstsein für diese Blockade wird oft durch äußere Ereignisse aktiviert, durch die eine Person dazu aufgefordert wird, an der Integration der beiden Energien zu arbeiten. Der Aspekt lädt dich ein, flexibler zu werden und zu lernen, wie du Hindernisse überwinden kannst. Dies ist ein Nacht- oder Ausatmungsaspekt.

Ein Halbquadrat zwischen Mars und Saturn zum Beispiel bringt oft die Tendenz mit sich, zu resignieren, wenn sich etwas als sehr schwierig erweist, obwohl wir eigentlich aufgefordert sind, uns unseren Aufgaben und Verpflichtungen mit Geduld und Ausdauer zu stellen, um die Blockade zu überwinden. Wer diese Lektion gelernt hat, kann mithilfe des Halbquadrats Berge versetzen.

ANDERTHALBQUADRAT ⚼ 135°

Dies ist ein weiterer Nebenaspekt, dessen disharmonische Energie sich in der Tatsache widerspiegelt, dass er die 360° des Tierkreises nicht in eine ganze Zahl teilt. Man kennt ihn auch unter dem Namen Sesquiquadrat.

Dieser Aspekt ist ein Halbquadrat mal drei (3 × 45°) oder eine Kombination aus einem Quadrat und einem Halbquadrat, und das gibt einen Hinweis darauf, was dieser Aspekt symbolisiert. Ich würde es als ein Anhalten des Atems beschreiben, weder ein- noch ausatmen.

Seine Energie zeigt Spannungen und die Herausforderungen an, daran zu arbeiten. Es heißt, dass dieser Aspekt kontrolliert werden muss, da die beiden beteiligten Planeten oft zu schlechten Entscheidungen im Leben führen, die dazu noch die schwächste Symbolik der beiden Planeten verstärken.

HALBSEXTIL 30° ⚺

Das Halbsextil ist ein Aspekt, bei dem die 360° des Tierkreises durch zwölf geteilt werden, sodass die beteiligten Planeten in benachbarten Zeichen stehen. Der vorgeschlagene Orbis von 2° für Leuchtkörper und 1° für andere Planeten signalisiert, dass es sich nur sehr selten um einen zeichenfremden Aspekt handelt, obwohl das durchaus möglich ist.

Dieser Aspekt wird unterschiedlich gedeutet. Eine Theorie besagt, dass es für die Planeten eine Herausforderung sei, zusammenzuarbeiten, da die Zeichen nebeneinanderliegen und daher unterschiedliche Modalitäten und Elemente haben. Andere vertreten die Ansicht, dass der Tierkreis bewusst so angeordnet sei und die Energie der Zeichen für persönliches Wachstum und Entwicklung stehe, wobei jedes Zeichen auf dem vorhergehenden aufbaue. Deshalb sei dieser Aspekt hilfreich für das seelische Wachstum und sei ein Tages- oder Einatmungsaspekt.

Je nach Bewusstseinsgrad der betroffenen Person können beide Sichtweisen zutreffen. Wer sich bereits auf dem Weg der persönlichen Weiterentwicklung befindet, ist eher in der Lage, die beiden Planeten zu integrieren und aus den Schwierigkeiten, die diese Energien mit sich bringen, Chancen abzuleiten.

AM HÄUFIGSTEN ASPEKTIERTE PLANETEN

Es ist wichtig, in einem Horoskop den Planeten zu betrachten, der am häufigsten Aspekte mit anderen Planeten und Körpern bildet. Weil dieser Planet mit so vielen anderen Elementen verbunden ist, stellt er einen der Brennpunkte dar. Bei jeder Deutung des Horoskops muss auch dieser Planet genau untersucht werden, denn vieles im Leben der betroffenen Person ist mit diesem Fokusplaneten verbunden.

Ein besonders stark aspektierter Planet ist gefordert, weil seine Energie sehr viele Aspekte integrieren muss, aber aus genau diesem Grund ist dieser Planet ein so mächtiger Brennpunkt. Das Ausmaß dieser Herausforderung wird durch die Kombination aller Aspekte symbolisiert, und das kann sehr komplex ausfallen.

Ist zum Beispiel Merkur, der Planet des Lernens, der am stärksten aspektierte Planet, kann eine Person durch die Integration der Weisheit aller aspektierenden Planeten großes Wissen erlangen. Allerdings besteht auch die Gefahr des Überanalysierens, weil so viele Informationen integriert werden müssen. Dieser Mensch wird zeitlebens mit dem Sammeln von Informationen, mit Lernen und Kommunikation beschäftigt sein.

UNASPEKTIERTE PLANETEN

Unaspektierte Planeten sind sehr wichtig und sollten immer berücksichtigt werden. Sie gelten als diejenigen Planeten, die keine ptolemäischen beziehungsweise Hauptaspekte (Konjunktion, Trigon, Quadrat, Sextil oder Opposition) mit einem anderen Planeten bilden.

Dissoziierte Aspekte

Die meisten Aspekte sind mit Zeichen einer bestimmten Modalität oder eines Elements verbunden. Das Quadrat eines Planeten im beweglichen Zeichen Schütze wird zum Beispiel normalerweise einen anderen Planeten in Jungfrau oder Fische einschließen, die ebenfalls bewegliche Zeichen sind. Werden zwei solche Tierkreiszeichen nicht miteinander verbunden, sondern »dissoziiert« (getrennt), stehen die beiden am Aspekt beteiligten Planeten scheinbar im »falschen« Zeichen. Dies ist der Fall, wenn die beteiligten Planeten in den letzten und den ersten Graden der Zeichen stehen und den Aspekt mit einem etwas größeren Orbis bilden.
Steht der Mond zum Beispiel auf 28° Schütze und der Mars auf 1° Widder, befinden sie sich immer noch in einem quadratischen Aspekt, da sie 93° voneinander entfernt sind. Das exakte Quadrat wäre 28° Schütze zu 28° Fische. Die zusätzlichen 3° rücken den Aspekt in den Widder, doch er ist immer noch »im Orbis«.

Unaspektierte Planeten repräsentieren die Persönlichkeitsanteile, die für sich allein stehen und deren Integration in das Leben sehr schwierig sein kann. Allerdings können sie auch für eine große Stärke oder für Verletzlichkeit und Schwäche stehen, je nachdem, wie die betroffene Person auf den unaspektierten Planeten und seine anderen Kräfte wie Würde oder Schwäche reagiert. Da unaspektierte Planeten sowohl für Talente als auch für Schwierigkeiten einer Person stehen können, ist es hilfreich, den Planeten anhand des Zeichens und des Hauses zu analysieren, damit der Mensch seine Herausforderungen bewältigen beziehungsweise seine Talente nutzen kann.

Ein unaspektierter Planet im Horoskop kann auch dazu führen, dass jemand sich ständig unverstanden fühlt, vor allem, wenn es sich um einen der persönlichen Planeten handelt (Sonne, Mond, Merkur, Venus oder Mars).

Du hast nun die meisten Bausteine eines Horoskops kennengelernt, darunter die Elemente, Modalitäten, Planeten, Dekane und Aspekte. Im nächsten Kapitel geht es um die zwölf Häuser, die uns im Horoskop Auskunft über die einzelnen Lebensbereiche geben.

7. KAPITEL

Die zwölf Häuser

EIN HOROSKOP BESTEHT aus vielen verschiedenen Elementen, die zusammengeführt werden müssen, um eine vollständige Blaupause der Seele und ihres Entwicklungspotenzials in diesem Leben zu erstellen. Wir haben uns die Planeten und andere wichtige Körper angesehen, die das »Was« in dieser Blaupause bilden. Zudem haben wir die Zeichen durch die Linse des Kernselbst, der Sonne, betrachtet, die symbolisiert, »wie« sich die Planeten verhalten.

Nun kommen wir zu den zwölf Häusern, die im Horoskop gegen den Uhrzeigersinn verlaufen. Das Horoskop ist eine Kombination aus dem Tierkreis, der den jährlichen Umlauf der Sonne entlang der Ekliptik aus unserer Perspektive darstellt, und dem Rad der Häuser, das auf der Achsenrotation der Erde innerhalb von 24 Stunden basiert. Um ein Horoskop zu erstellen, brauchst du Geburtszeit, -datum und -ort. Die genauen Geburtsdaten verbinden die beiden Kreise miteinander.

Die zwölf Häuser stehen für Lebensbereiche oder Erfahrungsfelder. Hier wirken das »Was« der Planeten und anderer wichtiger Körper und das »Wie« der Zeichen von der Geburt (1. Haus) bis zum Tod (12. Haus) auf dich und dein Leben ein. Wie alle anderen Elemente des Horoskops sind auch die Häuser wie der Puls oder der Atem des Kosmos zu verstehen. So ist zum Beispiel das 1. Haus, das von Widder und Mars regiert wird, ein Taghaus oder eine Einatmung, das zweite ist ein Nachthaus oder eine Ausatmung und so weiter.

Die Interpretation des Horoskops unter Einbeziehung der Häuser ist eine Möglichkeit, die Einzigartigkeit jeder kosmischen Blaupause zu verstehen. Ein Mensch mit der Sonne in Schütze im 2. Haus macht zum Beispiel andere Lebenserfahrungen als jemand mit der Sonne in Schütze im 10. Haus. Die erste Person wird mehr Wert auf persönliche Werte und Selbstachtung legen, während die zweite sich eher auf ihre Karriere und ihre Außenwirkung konzentriert.

1. HAUS: DAS SELBST

Das 1. Haus steht für die Geburt und die ersten Lebensjahre. Es ist das erste Einatmen des Lebens und ein tag- und handlungsorientiertes Eckhaus (auch Winkelhaus genannt). Die Spitze des 1. Hauses ist im Horoskop das Zeichen am östlichen Horizont zum Zeitpunkt und am Ort der Geburt, aus der Perspektive dieser Zeit und dieses Ortes gesehen. Die Spitze des 1. Hauses wird auch aufgehendes Zeichen oder Aszendent genannt; es steht für den Beginn des neuen Lebens, wenn ein Mensch bei der Geburt seinen ersten Atemzug tut. Das 1. Haus wird im natürlichen Horoskop von Mars und Widder regiert.

Es ist das Haus deines Ichs, deiner Lebenskraft, und das Zeichen auf der Spitze oder am Anfang des 1. Hauses entspricht dem Aszendenten und deiner Persona. Der Aszendent und das 1. Haus bilden deine persönliche »Rezeption« und repräsentieren das Selbst oder die »Ich bin«-Präsenz. An diesem Ort siehst du dich zum ersten Mal selbst, bevor du anfängst, zu reifen und dich zu entwickeln.

Die Planeten in diesem Haus sind durch die Zeichen im 1. Haus bestimmt. Sie beeinflussen, wie du dich anderen Menschen gegenüber zeigst. Auch deine frühkindlichen Erfahrungen und natürlichen Fähigkeiten sind im 1. Haus vertreten, ebenso wie deine Geburtserfahrung und deine spontanen Reaktionen auf äußere Reize.

2. HAUS: BESITZ UND FINANZEN

Das 2. Haus ist der Ort, an dem wir ausatmen und uns der physischen Welt, des Körpers, der Natur, des Besitzes und des Geldes bewusst werden. Hier nehmen wir Verbindung zur materiellen Welt auf. Das 2. Haus ist der Bereich der Materie, die wir berühren, sehen, hören, riechen und schmecken können, und eine Nachtenergie, da wir nachts empfänglicher für Sinneswahrnehmungen sind. Dieses Haus wird von Venus und Stier regiert.

Hier befinden sich alle Ressourcen, einschließlich deiner inneren Schätze, deines Selbstbewusstseins, deines Selbstwerts, deiner Grundwerte und deiner Beziehung zu deinem Körper und der natürlichen Welt. Dazu gehört auch alles, was du wertschätzt, dein Verhältnis zu Geld und materiellem Besitz.

Das 2. Haus steht für Selbstbewusstsein und Sinnlichkeit, was durch die Planeten im Haus und das Zeichen an der Spitze des Hauses beeinflusst wird. Jupiter im 2. Haus steht zum Beispiel oft für eine Person mit ausgeprägtem Selbstwertgefühl und der Gabe, viel Geld zu verdienen. Außerdem liebt sie es, die Natur zu erkunden.

3. HAUS: KOMMUNIKATION

Das 3. Haus ist der Ort, an dem wir unser Bewusstsein entwickeln und die Welt um uns herum entdecken. Es ist ein Tages-, Einatmungs- und Kadentenhaus, denn hier verfeinern wir unsere Wahrnehmung und Beobachtungsgabe und sammeln Informationen. Als Kadentenhaus (oder auch fallendes Haus) bezeichnet man jeweils das letzte Haus eines Quadranten. Wir entdecken unsere Stimme, lernen zu schreiben und entwickeln unsere ganz eigene Art, mit anderen Menschen zu kommunizieren. Dieses Haus steht für die frühe Phase der Erziehung, unsere Lernweise und welcher Schultyp wir sind oder waren, ebenso für Geschwister und Nachbarn. Im 3. Haus entwickeln wir ein Bewusstsein für andere Sichtweisen und die Außenwelt.

Es ist auch der Bereich des Transports und der Kurzreisen, der E-Mails, des Klatsches, der Telefonate und der Textnachrichten und wird von Merkur und Zwillingen regiert. Saturn im 3. Haus könnte zum Beispiel auf einen fleißigen, aber wortkargen Studierenden hindeuten.

4. HAUS: WURZELN UND HEIM

Das 4. Haus ist ein Eckhaus (Winkelhaus), an dessen Spitze sich das IC befindet; hier atmen wir aus und betreten das Reich der Nacht. Dieser Bereich repräsentiert unser Zuhause, also den Ort, an dem wir leben, und unsere innere Heimat, den privatesten Teil unseres Innenlebens. Dieser Lebensbereich bildet das Fundament unseres Lebens, sowohl emotional als auch materiell. Hier spiegeln sich Erziehung, Prägungen und Muster durch Eltern und Vorfahren wider.

In diesem Haus werden wir uns unserer inneren Gefühlslandschaft bewusst und wie wir emotional auf andere reagieren. Dies ist wichtig für unsere persönliche Entwicklung. Das 4. Haus steht in Verbindung mit dem Mond und dem Zeichen Krebs. Ein weiterer Bereich des Lebens, der oft vergessen wird, umfasst Selbstfürsorge und Selbstliebe. In diesem Haus kommt zum Ausdruck, wie du aufgewachsen bist und wie du lernst, für dich selbst zu sorgen und deine emotionalen Bedürfnisse zu erfüllen, und welches Zuhause du dir schaffst oder wie du es dir wünschst.

Wer Pluto im 4. Haus hat, hatte vielleicht eine schwierige Kindheit mit Machtkämpfen im Elternhaus und will das in seinem eigenen Leben ändern, indem er die Einflüsse und Muster der Vorfahren oder beider Elternteile durchbricht.

Häusersysteme

Es gibt mindestens 50 verschiedene Häusersysteme, mit denen man den Tierkreis unterteilen kann. Die am meisten gebräuchlichen Systeme sind die von Placidus, Koch, Porphyrius und das System der Ganzen Zeichen. Das Placidus-Häusersystem wird am häufigsten in Computerprogrammen für die Erstellung von Horoskopen verwendet. Als Horoskope noch von Hand gezeichnet wurden, entwickelte es sich zum beliebtesten System unter den zahlreichen anderen Häusersystemen. Astrolog*innen der hellenistischen Astrologie verwenden überwiegend das System der Ganzen Zeichen, während Vertreter*innen der Astrologie der Entwicklung bevorzugt Porphyrius einsetzen. Inzwischen sind viele auch zum neueren Koch-Häusersystem übergegangen. Unter den vielen verschiedenen Möglichkeiten, den Tierkreis zu unterteilen, herrscht überwiegend Einigkeit darüber, dass die Horizontachse, die mit dem Aszendenten beginnt, das 1. Haus bildet, das Medium Coeli (Himmelsmitte) die Spitze des 10. Hauses und dass die Häuser eine Unterteilung zwischen den Hauptachsen sind. Ich bevorzuge das Porphyrius-Häusersystem, das die vier Segmente in jeweils drei Häuser unterteilt. Ich empfehle jedoch kein System und möchte ich dich ermutigen, selbst zu recherchieren und mit der Zeit herauszufinden, welches System du bevorzugst.

5. HAUS: SELBSTVERWIRKLICHUNG

Das 5. Haus ist ein Feuerhaus, steht in Verbindung mit der Sonne und dem Löwen und ist ein Haus des Einatmens, der Tagesenergie und des Erfolgs. Hier entwickeln wir unseren kreativen Selbstausdruck und unsere Freude am Leben.

Mit Blick auf die seelische Entwicklung sehe ich im 5. Haus den heranwachsenden jungen Menschen und die Lebensphase, in der wir unser Licht in der Welt erstrahlen lassen und unser Selbstbewusstsein entfalten. Es ist das Reich der Kinder, des Spaßes und der Lebensfreude. Hier nehmen wir Hobbys und sportliche Aktivitäten auf und lernen zu spielen. Außerdem ist es das Erste der Beziehungshäuser, denn hier entwickeln sich die ersten Liebesbeziehungen. Das 5. Haus spiegelt dein Leistungsvermögen und deinen Entwicklungsstand wider. Wer seinen Schwerpunkt in diesem Haus hat, ist meist sehr kreativ und tritt der Welt fröhlich gegenüber.

6. HAUS: ARBEIT UND GESUNDHEIT

Das 6. Haus steht in Verbindung mit dem Erdzeichen Jungfrau und wird von Merkur regiert. Es handelt sich um eine Nachtenergie und ein ausatmendes Kadentenhaus. In diesem Haus verspüren wir den Drang, uns in der Welt und bei der Arbeit nützlich zu machen. Dieses Haus verkörpert deine beruflichen Tätigkeiten, die Art deiner Arbeit und die Gestaltung deines täglichen Lebens. Auch Gesundheit und Haustiere gehören zum 6. Haus.

In Bezug auf die persönliche Entwicklung ist das 6. Haus der Bereich, in dem wir erkennen, was wir für die Welt und für andere tun können. Hier verlassen wir die innere Landschaft der persönlichen Entwicklung und wachsen in die äußere Welt des Erwachsenseins hinein. Die Energie der Nacht oder des Ausatmens im 6. Haus ist eine Reaktion auf unsere Umwelt und der Wunsch, eine gewisse Ordnung in der Welt zu schaffen. Daher sind die Themen Reinigung und Hygiene ebenso mit diesem Haus verknüpft. Zudem spiegelt sich hier dein Umgang mit äußeren Einflüssen wider.

7. HAUS: PARTNERSCHAFT UND EHE

Im 7. Haus atmet unsere Seele tief ein und betritt endgültig den Bereich der äußeren oder erwachsenen Welt. Dieses Haus wird von der Waage und der Venus in ihrer eher nach außen gerichteten Tagesinkarnation regiert. Es ist ein Tag- und ein Eckhaus (Winkelhaus). Es steht in Verbindung mit dem Deszendenten, der dem Aszendenten genau gegenüberliegt und anzeigt, was dich anzieht und wie du auf andere wirkst.

Das 7. Haus umfasst alle wichtigen zwischenmenschlichen Beziehungen, einschließlich deines Lebenspartners oder anderer Partner. Zu diesem Haus gehören auch erwachsene Kinder, wichtige Geschäfts- oder Arbeitsbeziehungen und enge Freunde. Die Art und die Muster deiner Beziehungen spiegeln sich in diesem Haus wider. Mit diesem Haus steht auch das »vergessene Selbst« in Verbindung, also der Anteil unserer eigenen Persönlichkeit, den wir an anderen Menschen wahrnehmen und ablehnen. Dies kann sich in heftiger Abneigung äußern.

Als zweites der Beziehungshäuser symbolisiert das 7. Haus die Entscheidung für die Person, mit der wir zusammenleben oder verheiratet sind. Im 8. Haus wird dann aus der Entscheidung oder Auswahl eine langfristige Beziehung.

8. HAUS: INTIMITÄT UND TOD

Das 8. Haus ist ein weiteres Haus des Ausatmens und der Nacht, in dem wir in alles eintauchen, was mit dem Dunklen zu tun hat, und steht in Verbindung mit Pluto und Skorpion. Bei diesem Haus handelt es sich um ein Nachfolgehaus. Es ist das Reich der tief verbundenen Beziehungen, der langfristigen Partnerschaft, die emotional, psychologisch und sexuell verwoben ist. Hier verschmelzen das Leben, die Ressourcen und die spirituellen Körper. Im dritten Beziehungshaus findet sich die wahre Innigkeit von Langzeitbeziehungen. Es ist auch der Bereich des physischen und psychischen Todes und der seelischen Transformation und Regeneration. Diesem Bereich des Horoskops werden Erbschaften und andere, oft tabuisierte Themen zugeordnet, wie zum Beispiel die Welt der Magie und des Okkulten. Dies ist der Bereich der Seelenforschung und deiner Beziehung zu allen Mächten und karmischen Inhalten. Zum 8. Haus gehören Macht und Ohnmacht, und manipulative und/oder missbräuchliche Machtdynamiken können sich in diesem Haus zeigen. Dazu gehören auch die eigenen Schatten, die man vielleicht lieber nicht so genau betrachtet – allerdings ist dies auch der Bereich des inneren Schatzes. Die unerschrockene Erkundung deines 8. Hauses kann also sehr lohnend sein.

9. HAUS: DAS HÖHERE SELBST

Das 9. Haus ist ebenfalls eine Einatmungs- und Tagesenergie, die uns in die Bereiche der Expansion und Erforschung der Welt und des höheren Lernens führt. Es ist ein Kadentenhaus und wird von Jupiter und Schütze regiert. Das 9. Haus ist mit allen Formen des höheren Studiums, der Philosophie und den persönlichen Überzeugungen verbunden. Hier spiegelt sich wider, wie du das Göttliche erlebst, und deshalb wird auch die Religion mit diesem Haus in Verbindung gebracht. Dieses Haus kann ein Ort der Dogmen sein, aber im Allgemeinen geht es um die Erweiterung des Geistes und des Bewusstseins.

In Bezug auf unsere Entwicklung nimmt uns das 9. Haus mit auf eine Visionssuche, um den Sinn unseres Lebens zu finden. In diesem Haus suchen wir nach Wahrheit, Freiheit, Weisheit und Wissen über die natürlichen Gesetzmäßigkeiten sowie darüber, wie die Welt und die Natur funktionieren. Die Energie dieser Erforschung schließt Reisen mit ein, einschließlich langer Gedankenreisen.

10. HAUS: DAS ÖFFENTLICHE SELBST

Das 10. Haus ist der öffentlichste Teil deines Horoskops und doch ist es eine Energie des Ausatmens und der Erde, der Nacht, in der wir darüber nachdenken, wie wir in der Welt gesehen werden. Das Eckhaus des vierten Quadranten wird von Saturn und Steinbock regiert. Das 10. Haus bezeichnet die Art unseres Engagements oder unserer Mission im Leben, die oft als unsere Karriere bezeichnet wird, und idealerweise stimmen diese beiden Lebensbereiche überein. Da du in der Öffentlichkeit am sichtbarsten bist, wird dieses Haus auch mit deinem Ruf oder Status in der Öffentlichkeit in Verbindung gebracht. Dies ist der Bereich der weisen Alten und der Ort, an dem wir Gesetze erlassen, die von Menschen gemacht wurden – im Gegensatz zu den Naturgesetzen, die im 9. Haus erforscht werden. Es ist ein Ort der Ernsthaftigkeit, an dem wir finanzielle und physische Sicherheit aufbauen. Pflicht und Verantwortung für andere sind hier ebenfalls vertreten, ebenso wie Integrität.

Die Quadranten

Der Tierkreis ist in vier Quadranten und mehrere Hemisphären unterteilt. Jeder Quadrant setzt sich aus drei Häusern zusammen. Man nennt sie Eckhäuser (oder Winkelhäuser), Nachfolgehäuser und Kadentenhäuser (oder fallende Häuser).

Die Eckhäuser fallen zusammen mit den beiden Achsen: Aszendent/Deszendent und Medium Coeli/Immum Coeli. Diese Häuser werden von den vier kardinalen Zeichen – Widder, Krebs, Waage und Steinbock – regiert und stehen für Aktion und den Beginn verschiedener Phasen des Lebens. Das 1. Haus markiert den Beginn der Entwicklung des Selbst, das 4. für die Entwicklung des Bewusstseins, das 7. für die Entwicklung von Beziehungen und das 10. für die Entwicklung deines öffentlichen und Gruppenbewusstseins.

Die Nachfolgehäuser werden von den vier festen Zeichen Stier, Löwe, Skorpion und Wassermann regiert. In diesen Häusern wird gefestigt, was in den Eckhäusern begonnen wurde.

Die Kadentenhäuser werden von den vier beweglichen Zeichen beherrscht: Zwillinge, Jungfrau, Schütze und Fische. In diesen Häusern beginnen wir an die Veränderungen zu denken, die uns bevorstehen, wenn wir von einer Entwicklungsphase in die nächste übergehen.

Wie das 4. Haus wird auch dieses Haus mit einem der Elternteile in Verbindung gebracht – in der Regel mit dem Elternteil, der mehr in der Öffentlichkeit steht als der andere, oder der Autorität und das Verhältnis zu Autorität und Gesellschaft repräsentiert. Damit meine ich zum Beispiel die Institutionen, die unsere Welt regieren.

11. HAUS: GEMEINSCHAFT

Das 11. Haus ist ein Einatmungshaus, ein Tages- und Nachfolgehaus, das in Verbindung mit Uranus und Wassermann steht und das Thema Gemeinschaft beinhaltet. Damit sind dein Freundeskreis, aber auch Organisationen und Verbände und Vereine gemeint. Das 11. Haus steht außerdem für soziale Themen, Sozialbewusstsein und Politik. Eine starke Betonung dieses Hauses bedeutet, dass jemand sehr humanistisch eingestellt ist und sich für Ökologie interessiert.

Aufgrund des Community-Aspekts umfasst dieses Haus auch das Internet, insbesondere die Sozialen Medien. Auch verborgene oder unentdeckte Fähigkeiten einer Person können hier zu finden sein. Das 11. Haus steht für die Zukunft, große Ziele, neue Ideen und Entdeckungen.

Im Rahmen unserer geistigen Entwicklung bewegen wir uns von der Erarbeitung solider Ziele, Regeln und Fundamente des 10. Hauses nun in den Bereich der sozialen Beziehungen. In diesem Haus lernen wir, uns von den Regeln, die uns die Autorität des 10. Hauses auferlegt, zu lösen, um unseren eigenen Weg zu gehen und mithilfe unserer eigenen Schöpferkraft unsere Zukunft zu gestalten.

12. HAUS: DAS UNBEWUSSTE

Das 12. Haus ist ein Kadentenhaus. Hier atmen wir zum letzten Mal auf unserer Reise aus, wenn wir in die Nachtenergie des Unbewussten eintauchen. Hier ist der Bereich des Geheimnisvollen und Mystischen; er steht in Verbindung mit Neptun und dem Zeichen der Fische.

Dieses Haus entspricht der Zeit vor der Geburt und der Zeit vor dem Tod, dem Fruchtwasser vor dem ersten Einatmen im 1. Haus und der pränatalen Erfahrung sowie der Phase des allmählichen Erlöschens vor dem allerletzten Ausatmen. Hier sind alle Formen von veränderten Zuständen vertreten, einschließlich chemisch induzierter und meditativer Zustände. Als kreatives und intuitives Haus verbindet es uns mit übersinnlichem Wissen und Verstehen. Dieses Haus ist ein Grenzbereich, der Raum zwischen den Welten, und verbunden mit allen Übergängen und veränderten Bewusstseinszuständen wie Trance, Hypnose und geheimnisvollen Geschehnissen. Dazu gehören auch Orte des Rückzugs und der Abgeschiedenheit, zum Beispiel Klöster, Krankenhäuser und Häuser für Retreats. Dieses Haus ist das Reich der Träume, starker Empathie und des geheimnisvollen Unbekannten.

Nun kennst du die Bausteine eines Horoskops und es ist an der Zeit, die zusammenhängende Geschichte deines Selbst zu erstellen. Im nächsten Kapitel erfährst du, wie die verschiedenen Elemente am Aufbau eines Geburtshoroskops beteiligt sind.

TEIL II

Das Geburtshoroskop verstehen

Der folgende Teil des Buchs baut auf den in im ersten Teil behandelten Grundlagen auf und befasst sich mit dem Geburtshoroskop als Gesamtbild. Dazu gehört auch, dieses zu strukturieren und zu deuten sowie die Betrachtung anderer Himmelskörper.

8. KAPITEL

Die Struktur des Horoskops

IN DIESEM KAPITEL gehe ich noch einmal kurz auf die astrologischen Elemente der Zeichen, Häuser und Planeten aus Teil I ein und erkläre dir, wie sie jeweils an der Strukturierung des Geburtshoroskops beteiligt sind. Bitte denk daran, dass wir die Begriffe Tag und Nacht sowie Einatmen und Ausatmen verwenden, um die lebendige, pulsierende Natur des Kosmos zu beschreiben, die in dir wirkt.

DIE TIERKREISZEICHEN

In einem Horoskop bildet der äußere Rand des Horoskops den Tierkreis. Der Kreis umfasst wie jeder geometrische Kreis 360° und umfasst die zwölf Tierkreiszeichen. Der »Kreis der Tiere« ist in zwölf gleiche Teile von jeweils 30° unterteilt, die sich grob an den Sternbildern orientieren, aber nicht mit diesen übereinstimmen. Die meisten Planeten und anderen wichtigen Körper bewegen sich in einem schmalen Band entlang der Ebene der Ekliptik, der so genannten Umlaufbahn, durch die Tierkreiszeichen. Pluto und einige der neu entdeckten Zwergplaneten folgen jedoch nicht der gleichen Bahnebene, weshalb ihre Umlaufbahn im Vergleich zu den anderen Planeten exzentrisch verläuft.

Die Tierkreiszeichen folgen immer der gleichen Reihenfolge von Widder bis Fische. Sie laufen gegen den Uhrzeigersinn um den äußeren Rand des Horoskops. Die Zeichen stehen für zwölf seelische Impulse und Bedürfnisse, und bei jedem Menschen sind alle zwölf Zeichen in seinem seelischen Bauplan enthalten.

Im Beispielhoroskop (s. Abbildung) steht der Aszendent um 9:00 Uhr im Zeichen Widder. Das Zeichen des Aszendenten hängt von der Geburtszeit und dem Geburtsort ab. Das siehst du auch in den beiden Beispielhoroskopen am Ende dieses Kapitels.

HÄUSER

Auf der nächsten Seite findest du die Beschreibung der zwölf Sektoren, deren Zahlen den Angaben auf der Abbildung rechts entsprechen.

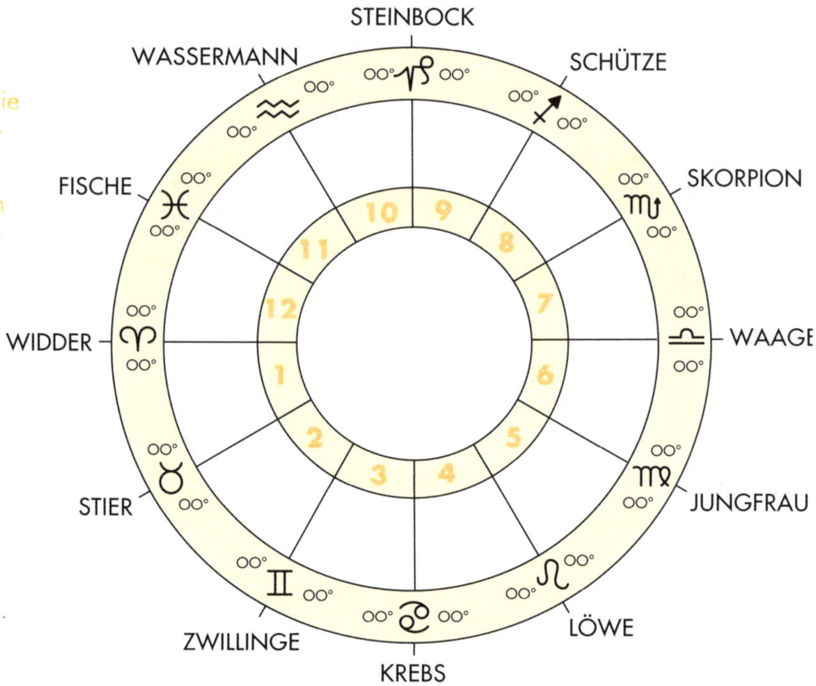

DIE HÄUSER

Das Geburtshoroskop ist in zwölf Sektoren – sie sehen aus wie Tortenstücke – unterteilt, die sich ebenfalls gegen den Uhrzeigersinn bewegen. Die Häuser sind feststehend und haben in jedem Horoskop die gleiche Position. Die Planeten und Zeichen aber drehen sich aus unserer Perspektive um die Ekliptik. Gemäß Geburtszeit und -ort hat jedes Haus ein anderes Zeichen an seiner Spitze oder seinem Anfang. Je nach verwendetem Häusersystem kann es vorkommen, dass zwei Häuser das gleiche Zeichen an ihrer Spitze haben.

DIE PLANETEN

Die Häuser in den verschiedenen Zeichen enthalten die Symbole der einzelnen Planeten und anderer wichtiger Punkte. Jeder Planet steht für einen bestimmten Anteil deines Wesens, das sich in der Gesamtheit aller Elemente ausdrückt. Das Zeichen, in dem ein Planet steht, zeigt, wie er aktiviert ist. Das entsprechende Haus steht für den ihm zugeordneten Lebensbereich, in dem der Planet wirksam ist.

Die zwölf Sektoren des Tierkreises

1
Haus des Selbst
Einatmen, Tag
Persönlichkeit
Was du ausstrahlst
Lebenskraft
Erste Erfahrungen und Fähigkeiten

2
Haus des Besitzes und der Finanzen
Ausatmen, Nacht
Selbstvertrauen,
Werte
Beziehung zum Körper und zur physischen Welt
Wie du Geld verdienst

3
Haus der Kommunikation
Einatmen, Tag
Wahrnehmung und Beobachtung
Stimme
Schreiben und Kommunikation
Stil
Frühe Erziehung
Geschwister und Nachbarn
Transport und Kurzreisen

4
Haus der Wurzeln und des Heims
Ausatmen, Nacht
Innenleben, Privatleben
Emotionale und materielle Sicherheit
Fundament
Erfüllung von emotionalen Bedürfnissen,
Selbstfürsorge
Art deines Heims

5
Haus der Selbstverwirklichung
Einatmen, Tag
Kreativität
Ausdruck
Freude, Vergnügen,
Spiel, Hobbys
Liebesbeziehungen
Romantik
Kinder

6
Haus der Arbeit und Gesundheit
Ausatmen, Nacht
Nutzen
Dienst
Tägliche Routinen und Arbeit
Art der täglichen Arbeit
Gesundheit
Reinigen, Ernährung
Haustiere

7
Haus der Partnerschaft und Ehe
Einatmen, Tag
Was dich anzieht und was du selbst anziehst
Wichtige Beziehungen
Verborgenes Selbst

8
Haus von Intimität und Tod
Ausatmen, Nacht
Enge Verbundenheit
Beziehungen
Tiefgründige psychologische Themen
Transformation und Tod
Erbschaften und geteilte finanzielle Ressourcen

9
Das Haus des höheren Selbst
Einatmen, Tag
Ausdehnung und Erforschung
Höhere Lehren und Philosophie
Persönliche Überzeugungen
Erfahrung des Göttlichen
Lange Reisen und andere Kulturen

10
Das Haus des öffentlichen Selbst
Ausatmen, Nacht
Beitrag oder Aufgabe im Leben
Karriere
Öffentliche Sichtbarkeit und Ansehen
Ein Elternteil

11
Haus der Gemeinschaft
Einatmen, Tag
Gruppen und Organisationen
Freunde
Soziale Anliegen
Bewusstseinsbildung
Humanitäres Engagement
Politik, einschließlich genderspezifische Belange
Internet
Verbindungen

12
Haus des Unbewussten
Geheimnisse, Mystisches
Meditation
Veränderte Zustände, chemisch oder meditativ
Übersinnliches Wissen
Abgeschiedenheit, Retreats,
Klöster, Träume, Empathie

GEBURTSHOROSKOPE

Im Folgenden erfährst du am Beispiel der Schauspielerin Jodie Foster und des Journalisten Anderson Cooper, wie ein Geburtshoroskop in seiner Gesamtheit gedeutet werden kann.

Jodie Foster

Jodie Foster wurde am 19. November 1962 um 8.14 Uhr in Los Angeles, Kalifornien (USA), geboren. Die berühmte Schauspielerin hat die Sonne in Skorpion, ein Skorpion-Stellium, den Mond in Jungfrau und den Aszendenten in Schütze.

Ich empfehle, dir erst einen Überblick über das Horoskop zu verschaffen, bevor du dich in die Details vertiefst. In diesem Horoskop überwiegen die Wasserelemente, denn Sonne, Merkur, Venus, Jupiter und Neptun stehen alle in Wasserzeichen. Der Aszendent steht in Schütze, einem Feuerzeichen, mit Mars in Löwe (ebenfalls ein Feuerzeichen) im Aspekt, und Mond, Uranus und Pluto stehen in Jungfrau, einem Erdzeichen. Das deutet darauf hin, dass Jodie Foster vor allem eine spirituelle, fantasievolle und kreative Seele ist. Ihre Hauptmodalität ist fest, was darauf hindeutet, dass sie Stabilität schätzt. Ihre sekundäre

JODIE FOSTER
19.11.1962
Montag
08:14 Uhr, PST +8:00
Los Angeles,
Kalifornien (USA)
xcvc Tropischer Tierkreis
Porphyrius-Häusersystem

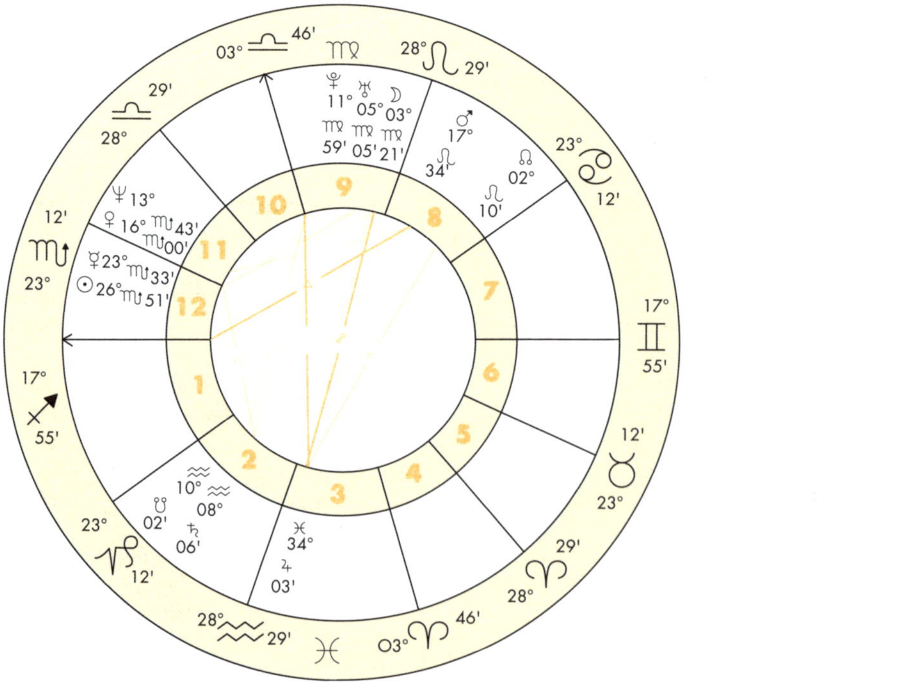

Modalität ist beweglich, was bedeutet, dass sie in der Lage ist, Veränderungen zu vollziehen, wenn es nötig ist.

Menschen mit dem Sternzeichen Schütze reisen gern und lieben es, sich weiterzubilden. Foster hat beides getan: In ihrer Jugend hat sie in Frankreich studiert; sie spricht fließend Französisch und hat in Yale mit Auszeichnung (Magna cum laude) abgeschlossen. Der herrschende Planet des Schützen ist Jupiter. Fosters Jupiter steht in den Fischen im 3. Haus, was auf eine sehr expansive Fähigkeit zum Lernen und zur Aufnahme von Wissen hindeutet – man könnte es mit einem Schwamm vergleichen. Jupiter steht in Opposition zur Mond-Uranus-Pluto-Konjunktion im 9. Haus (das natürlich von Schütze regiert wird), was ihre Vorliebe für die Beschäftigung mit philosophischen Themen widerspiegelt. Es spricht aber auch dafür, dass sie in allen Religionen zu Hause ist und in ihrer Familie viele Glaubenssysteme vermittelt werden (9. Haus). Jupiter im 3. Haus deutet auf ihre frühen schulischen Leistungen hin. Foster soll bereits im Alter von drei Jahren lesen gelernt haben.

Die Sonne im 12. Haus in einem Skorpion-Stellium, das sich über das 11. und 12. Haus erstreckt, weist auf einen sehr zurückgezogenen Lebensstil hin. Dafür stehen sowohl Skorpion als auch das 12. Haus.

Fosters Mars, der traditionelle Herrscher des Skorpions, befindet sich in Löwe im 8. Haus, dem natürlichen Haus des Skorpions, was ihren Wunsch nach Privatsphäre noch verstärkt – wobei ein Löwe-Mars auch die Fähigkeit hat, etwas zu leisten. Die Himmelsmitte (MC) in der Waage zeigt ihre kreative Seite, ebenso wie ihre Venus-Neptun-Konjunktion im Skorpion. Ihre Wasser-Betonung, die Stellungen im 8. und 12. Haus, und ihr Jupiter in Fische deuten auf ein höchst intuitives und möglicherweise übersinnlich begabtes Wesen hin. Sie lassen auch auf das tiefe Bedürfnis schließen, die psychischen Beweggründe anderer zu ergründen. Dies hat Foster in ihren Filmrollen und den Projekten, bei denen sie Regie geführt hat, gezeigt.

Ihre Mond-Uranus-Pluto-Konjunktion in Jungfrau im 9. Haus ist ebenfalls ein Hinweis auf ihre Neigung, emotional tiefe und psychologisch traumatische (Uranus-Pluto-Konjunktion) Bereiche des Lebens zu erforschen. Bei ihren Filmrollen fallen mir *Taxi Driver* und *Das Schweigen der Lämmer* ein. In ihrer Yale-Diplomarbeit befasste sie sich mit dem Werk der Schriftstellerin Toni Morrison, deren Bücher sich mit Sklaverei und Rassismus in der afroamerikanischen Geschichte auseinandersetzen.

Fosters Horoskop zeigt eine hochintelligente, forschende Natur mit einer tiefgreifenden Sensibilität, einem intuitiven Wesen und einer emotionalen Kraft, die sie in ihre öffentliche Filmarbeit einbringt und darüber hinaus aber für sich behält.

Ein ganz neuer Blick auf die Planeten

Planeten werden in der Regel nach Göttern und Göttinnen aus der antiken Mythologie benannt, aber du solltest wissen, dass die Göttergestalten menschliche Erfahrungen repräsentieren und somit Archetypen sind. In den verschiedenen Kulturkreisen finden sich vergleichbare Mythen und Themen, allerdings mit unterschiedlichen Bezeichnungen. Aufgrund ihres begrenzten Erkenntnisvermögens stellten die Menschen die Götter als männlich oder weiblich dar, und das drückt sich auch in der Sprache der Astrologie aus.

Ich will damit nicht vorschlagen, die Planeten umzubenennen, aber wir sollten die fehlende Differenzierung bei der Interpretation der Planeten in der Astrologie berücksichtigen. Mars wird zum Beispiel seit Jahrhunderten als männlich beschrieben, obwohl der Planet traditionell sowohl den Widder (männlich) als auch den Skorpion (weiblich) regiert.

Die Planeten sind so vielschichtig wie die Menschheit. Alle Lebewesen, und auch die Planeten, verkörpern sowohl Tag als auch Nacht – und das gesamte Universum ist nichtbinär.

Anderson Cooper

Anderson Cooper wurde am 3. Juni 1967 um 15:46 Uhr in New York City (USA) geboren. Coopers primäres Element ist die Luft, mit einer Zwillinge-Sonne, einem Waage-Aszendenten und dem Mars in der Waage, der mit dem Aszendenten in Verbindung steht.

Direkt an zweiter Stelle steht das Element Wasser, denn die Himmelsmitte (MC), der Herrscherplanet Venus und Neptun stehen in Wasserzeichen. Direkt an dritter Stelle folgen Mond, Jupiter und Saturn in Feuerzeichen. Coopers einzige Erdposition ist eine Uranus-Pluto-Konjunktion in Jungfrau. Cooper hat eine gute Balance zwischen kardinaler, fester und beweglicher Energie. Die meisten seiner Planeten befinden sich in der südlichen Hemisphäre oder in der oberen Hälfte seines Horoskops, was darauf hindeutet, dass er kontaktfreudig und gesellig ist. Auf den ersten Blick scheint er ein ausgeglichener Mensch zu sein.

Mit einer Zwillinge-Sonne, einer Mars-Aszendent-Konjunktion in der Waage und dem Herrscherplaneten der Waage, Venus, an der Spitze seines Horoskops, in Konjunktion mit der Himmelsmitte (MC) ist es nicht überraschend, dass Cooper sich beruflich für eine Tätigkeit unter den Augen der Öffentlichkeit entschieden hat – Luftzeichen stehen in Verbindung mit dem Verstand, den Medien und der Kommunikation. Mit Mars auf seinem Aszendenten und Mond und Saturn im von Mars beherrschten Widder, beide in der Nähe seines Deszendenten (DC), will er vorankommen und erfolgreich sein. Seinen großen Durchbruch in den Medien hat er selbst geschafft (Widder), indem er einen Presseausweis fälschte, um nach Myanmar einreisen zu können. Seine Nachrichtenbeiträge verkaufte er an Channel One, eine kleine Nachrichtenagentur.

Sein starkes Wasserelement mit dem Krebs-MC, in Konjunktion mit dem Herrscherplaneten Venus und Neptun im Skorpion, deutet auf ein sehr fürsorgliches Wesen hin, das ihn in seiner investigativen Arbeit antreibt – auch in seinen TV-Sendungen zeigt er oft Gefühle. Er wird mit den Worten zitiert: »Ja, es wäre mir lieber, nicht so emotional zu sein und mich nicht reinzusteigern, aber es ist schwer, cool zu bleiben, wenn du von tapferen Menschen umgeben bist, die leiden und in Not sind.«

Seine Uranus-Pluto-Konjunktion im 12. Haus beziehungsweise in der Nähe von dessen Spitze weist jedoch auf eine tiefe Verbindung zu traumatischen Erlebnissen hin und auf Traumata in seinem eigenen Leben. Sein Bruder hat sich 1988 das Leben genommen, und

ANDERSON COOPER
3. Juni 1967
Samstag
15:46 Uhr, EDT +4:00
New York, New York (USA)
Tropischer Tierkreis
Porphyrius-Häusersystem

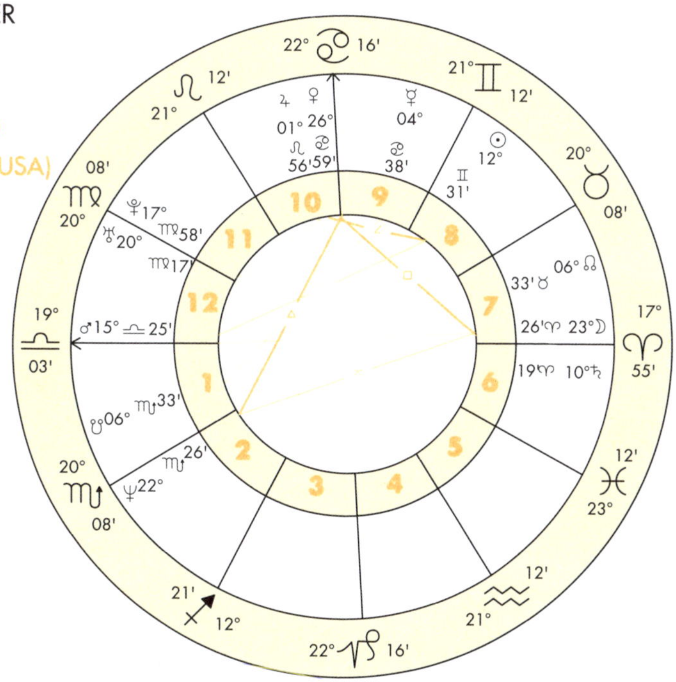

Cooper gibt zu, dass er gegenüber den Schrecken des Krieges abgestumpft ist, nachdem er mehrere Jahre lang als Korrespondent tätig war. Die Sonne in seinem 8. Haus deutet ebenfalls darauf hin, dass es ihn in dunkle Gefilde zieht, um diese zu erforschen. Zum Glück gleicht seine starke Luft- und Feuerstellung dies aus, und er weiß, wann er sich wieder von den düsteren Orten auf die hellere Seite des Lebens begeben muss. Seine Sonne im 8. Haus zeigt an, dass er sein Privatleben schützt.

Coopers Waage-Aszendent macht ihn sehr attraktiv und ansprechend in Aussehen und Auftreten, und sein Löwe-Jupiter im 10. Haus verleiht ihm Star-Appeal. Er deutet auch darauf hin, dass er als Vanderbilt-Erbe zu den amerikanischen »Royals« gehört.

Nachdem wir uns die Struktur des Horoskops angesehen und anhand von Beispielen Werkzeuge für die Analyse kennengelernt haben, steigen wir nun tiefer in die Horoskopdeutung ein und integrieren weitere Elemente. Im nächsten Kapitel geht es unter anderem um Asteroide und die Hauptachsen des Horoskops.

9. KAPITEL

Die eigene Deutung

DIESES KAPITEL BAUT auf dem auf, was du bisher schon gelernt hast. Dazu kommen weitere Elemente, die der Horoskopdeutung mehr Tragweite verleihen können. Schon allein aus der Stellung von Sonne, Mond und Aszendent lassen sich wichtige Erkenntnisse gewinnen, aber auch die anderen Planeten und Elemente im Horoskop sind von außerordentlichem Wert, je weiter du dein Wissen vertiefst.

In den folgenden Kapiteln werde ich einige dir weitere Elemente vorstellen und erklären, wie du dein eigenes Horoskop interpretieren kannst. Ich möchte jedoch betonen, dass es nichts Besseres gibt, als über einen längeren Zeitraum zu üben, um zu tieferen Einsichten zu gelangen.

Die Erstellung eines Horoskops ist mit der Einführung astrologischer Computerprogramme einfacher geworden. Früher konnte man ein Horoskop mit einer Häusertabelle und einer Ephemeride (Tabelle mit den täglichen Positionen der Planeten) berechnen, aber heute gibt es zahlreiche Möglichkeiten, ein Horoskop digital zu erstellen. Software-Empfehlungen des DAV (Deutscher Astrologen-Verband e. V.) findest du unter https://www.astrologenverband.de/angebote/astrologie-software.

Du kannst auch ganz einfach und kostenfrei ein Horoskop mit dem Astrodienst Astro.com berechnen, eine der besten und umfassendsten kostenlosen Optionen.

DEINE SONNE ☉, DEIN MOND ☽ UND DEIN ASZENDENT ASC

Die drei wichtigsten Merkmale der Persönlichkeit werden von Sonne, Mond und Aszendent (dem aufsteigenden Zeichen) bestimmt. Sie sollten immer zuerst betrachtet werden, wenn du mit der Erforschung eines Horoskops beginnst. Die Sonne steht für deinen Wesenskern, der Mond für deine Seele und der Aszendent für deine Persona. Um die Position aller drei (und der anderen Elemente des Horoskops) genau zu berechnen, sind das Geburtsdatum, die genaue Geburtszeit und der Geburtsort erforderlich. Das gilt besonders, wenn du um den 21. des Monats herum geboren bist, denn die Sonne wechselt jedes Jahr an einem anderen Tag und zu einer anderen Uhrzeit in das nächste Zeichen. Auch Aspekte und Häuserspitzen sind genauer, wenn du die exakte Geburtszeit kennst (falls diese unbekannt ist, kannst du sie im Standesamt deines Geburtsortes erfragen. Beachte aber, dass die offiziell notierte Geburtszeit möglicherweise auf- oder abgerundet und somit nicht exakt ist).

Die Sonne ☉

Wie bereits erwähnt, bestimmt die Sonne die Essenz dessen, was dich ausmacht. Sie ist dein Ego, dein vitales Selbst, das zentrale Ordnungsprinzip des Sonnensystems und deines Körpers. Die Sonne wird vom Herzen regiert und ist sozusagen der Dirigent deines Orchesters. Lebenssinn und Bewusstsein ergeben sich aus dem Zeichen, in dem die Sonne steht, und werden von der Hausstellung und den Aspekten der Sonne zu anderen Planeten beeinflusst.

Die Menschen, welche die Energie leben, für die ihre Sonnenposition steht, sind zielstrebig und haben eine Richtung. Als Tages- und Einatmungsenergie machen sie uns zu dem, wer wir sind, wenn wir in der Welt aktiv sind, auch wenn das Zeichen, in dem die Sonne steht, eine Nacht- oder Ausatmungsenergie ist. Eine Krebs-Sonne zum Beispiel führt ein zielgerichtetes Leben, wenn sie sich um andere kümmert und für sie sorgt. Die Sonne steht für die Gegenwart und das Hier und Jetzt.

Der Mond ☽

Der Mond steht für deine Seele oder dein innerstes Wesen. Er ist eine Nacht- oder Ausatmungsenergie, in der Gefühle und Bedürfnisse im Vordergrund stehen. Der Mond ist eine unterbewusste Energie, die für alles, was um sie herum ist, empfänglich ist. Er ist die Gegenkraft zu Stress und steht für deine Bedürfnisse nach Geborgenheit und Fürsorge sowie für deine grundlegenden Gewohnheiten und Reaktionen.

Die Mondenergie im Horoskop ist intuitiv, das heißt du empfängst Eingebungen. Wie du bewusst auf deine Intuition und Vorahnungen reagierst, wird durch die Sonne bestimmt. Die Mondenergie ist kreativ, gefühlvoll und anpassungsfähig und kann beschützend oder launisch und irrational sein, aber wie sich diese Energie ausdrückt, hängt vom Zeichen und der Hausstellung des Mondes ab. Auch hier ist die exakte Geburtszeit wichtig, um die genaue Position des Mondes zu kennen, da der Mond außer dem Aszendenten die sich am schnellsten bewegende Energie im Horoskop ist.

Ebenso hat die Mondphase, in der du geboren wurdest, einen gewissen Einfluss. Eine Phase ist eine Winkelverbindung oder ein Aspekt zwischen der Sonne und dem Mond

MONDPHASEN

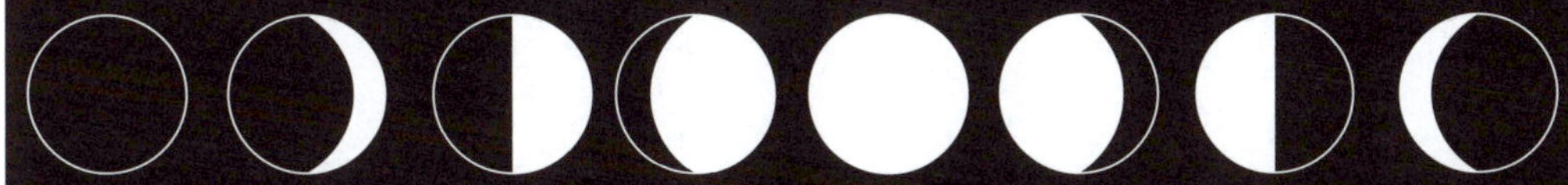

im Horoskop. Kurz gesagt: Wenn du in einer Konjunktion von Sonne und Mond zur Welt kamst, bist du in einer Neumondphase (Tag, einatmend und 0–45°) geboren, was auf einen Menschen hindeutet, der selbstbewusst ist und sein Licht in der Welt erstrahlen lassen will.

Die Phase des zunehmenden Halbmondes (Nacht, Ausatmen, 45–90°) steht für eine Person, die Eigenständigkeit und das Loslassen von alten Mustern lernt. Der zunehmende Halbmond im ersten Viertel (Tag, Einatmen, 90–135°) zeigt eine Person, die gern etwas unternimmt und sich über Veränderungen freut. Der zunehmende Mond (Nacht, Ausatmen, 135–180°) repräsentiert jemanden, der wissbegierig auf der Suche nach Wahrheit unterwegs ist.

Menschen der Vollmondphase (Tag, einatmen, 180–225°) werden vom intensiven Licht der Sonne angestrahlt und sind daher oft impulsiv und instinktiv. Der abnehmende Mond (Nacht, Ausatmen, 225–270°) bringt Menschen hervor, die ihr Wissen und ihre Weisheit gern mit der Welt teilen. Wer im letzten Viertel des abnehmenden Halbmondes (Tag, Einatmen, 270–315°) geboren ist, fühlt sich von der Welt abgekoppelt und sollte eine Beziehung zu seinem intuitiven Selbst aufbauen. Der abnehmende Sichelmond (Ausatmen, Nacht, 315–360°) steht für einen sehr sensiblen und intuitiven Menschen.

DIE BEIDEN HAUPTACHSEN DES GEBURTSHOROSKOPS

Die Schnittpunkte der horizontalen und vertikalen Achse des Horoskops unterteilen das Horoskop in vier Viertel. Die Schnittpunkte liegen jeweils im Norden, Süden, Osten und Westen und werden als Aszendent, Deszendent, Medium Coeli (MC) und Immum Coeli (IC) bezeichnet.

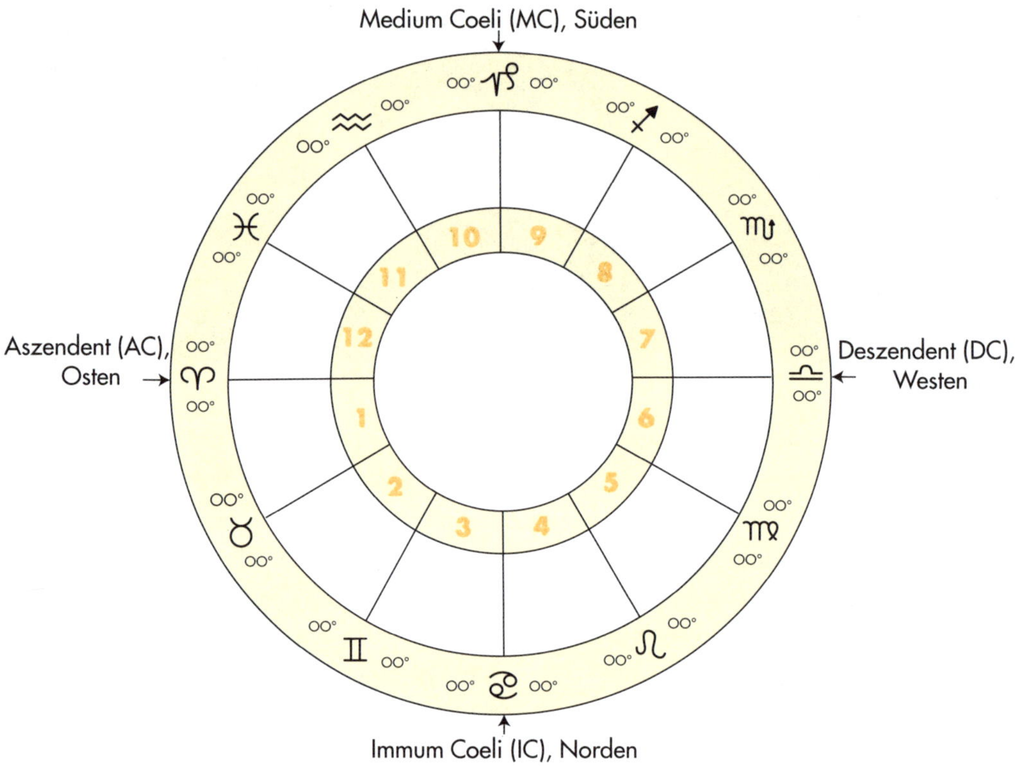

Der Aszendent oder das aufsteigende Zeichen ASC

Der Aszendent ist das Zeichen, das zum Zeitpunkt und am Ort der Geburt oder zu Beginn eines Ereignisses am östlichen Horizont steht; der Aszendent ist der genaue Grad dieses Zeichens. Das aufsteigende Zeichen beschreibt die Seite deiner Person, die du der Welt präsentierst, der anderen ein bestimmtes Bild von dir vermittelt. Es ist die äußere Schicht deines Wesens, auch bekannt als Persona oder Maske, die nur das preisgibt, was zunächst gesehen werden soll.

Der Aszendent verrät auch viel über die Geburt und die frühe Kindheit eines Menschen und kann dadurch in der Kindheit und in herausfordernden Situationen einen Schutzmechanismus darstellen. Mit zunehmendem Alter wachsen wir jedoch in unseren Aszendenten hinein und leben ihn proaktiver. Eine Person mit Steinbock im Aszendenten kann zum Beispiel in der Kindheit sehr ernst und zurückhaltend sein, doch mit zunehmendem Alter wird sie lockerer.

Medium Coeli

Das Medium Coeli (MC) ist der höchste Punkt im Horoskop und bildet in den meisten Häusersystemen die Spitze des 10. Hauses. In der nördlichen Hemisphäre repräsentiert er den Süden und in der südlichen Hemisphäre den Norden. Das Medium Coeli steht an der Stelle des Horoskops, die am meisten von der Öffentlichkeit wahrgenommen wird, und repräsentiert die Aufgabe, das Ziel oder den Beitrag im Leben. Oft wird gesagt, dass er für die Karriere steht, aber das ist nicht immer der Fall – obwohl er durchaus den Beruf repräsentiert, den jemand idealerweise auswählen sollte. Als öffentlichste Position im Horoskop steht er auch für das öffentliche Ansehen und die gesellschaftliche Stellung eines Menschen.

Die evolutionäre Astrologie

In den meisten modernen westlichen astrologischen Traditionen wird das Geburtshoroskop als Karte des Entwicklungspotenzials der Seele betrachtet. Das Horoskop wird auch als Seelenkarte, kosmische Blaupause oder Geburtsdiagramm bezeichnet.

In diesem Buch betrachten wir das Horoskop also nicht als eine reine Beschreibung der Persönlichkeit, die ein Leben lang unveränderlich ist, sondern als eine Blaupause, die viele Möglichkeiten und Bedeutungen beinhaltet. Diese Entwicklung erfolgt sowohl durch die planetarischen Transite und Zyklen als auch durch den freien Willen eines Menschen, sich zu entwickeln und zu wachsen. Damit entfällt ein Großteil der nur auf das individuelle Schicksal bezogenen astrologischen Traditionen.

Aber natürlich hat auch die astrologische Prognose ihre Berechtigung. Auf keinen Fall will ich damit sagen, dass die evolutionäre Astrologie besser wäre. Sie aber passt einfach besser zu diesem Buch, denn sie ermöglicht uns eine nichtbinäre Sichtweise, die jeden Menschen gleichermaßen berücksichtigt. Mit anderen Worten: Wir sprechen hier sowohl über die Evolution der Seele als auch über die Entwicklung der Astrologie selbst.

Der Deszendent

Der Deszendent ist das Zeichen, das zum Zeitpunkt und am Ort der Geburt am westlichen Horizont steht; er ist der genaue Grad dieses Zeichens und steht für das, was dich an anderen Menschen anzieht und wie deine Beziehung zu den wichtigen Menschen in deinem Leben ist. Das Zeichen des Deszendenten steht für die Energie der Personen, mit denen du im Leben eine Partnerschaft anstrebst. Wenn du zum Beispiel Zwillinge am Deszendenten hast, wirst du dich in geistreichen Partnerschaften wohlfühlen, die viel Spaß machen. Damit ist nicht unbedingt das Sonnenzeichen Zwillinge gemeint, sondern eher jemand, der viel Luftenergie in seinem Horoskop hat, einschließlich des Zeichens Zwillinge.

Immum Coeli

Das Immum Coeli (IC) ist der tiefste Punkt im Horoskop und repräsentiert den Norden auf der Nordhalbkugel und den Süden auf der Südhalbkugel. Es symbolisiert deine innersten Empfindungen und Bedürfnisse. Das Immum Coeli bildet in den meisten Häusersystemen die Spitze des 4. Hauses. Es repräsentiert einen der beiden Elternteile, meist die Person, die sich am meisten um die Erziehung gekümmert hat. Ebenso symbolisiert es das Elternhaus und das Heim, das sich jemand wünscht.

DIE BERECHNUNG DER ASPEKTE

Die Aspekte der Planeten zueinander sind ein wichtiger Eckpfeiler der modernen Horoskopdeutung. Einzelheiten zu den verschiedenen Aspekten findest du in Kapitel 6.

Um die Aspekte (Winkelbeziehungen) zu berechnen, musst du den jeweiligen Grad und das Zeichen der einzelnen Planeten sowie die Gradzahl zwischen ihnen kennen. Die Gradzahlen und die Zeichenstellungen der Planeten und anderer Körper kannst du mithilfe einer Ephemeride selbst herausfinden, einfacher ist es mit einem Computerprogramm.

DIE DOMIZILE DER PLANETEN

Die Kraft eines Planeten wird verstärkt, egal, ob positiv oder negativ, wenn er in dem ihm zugehörigen Zeichen steht. Dies betrifft die jeweiligen Eigenschaften der Zeichen und Planeten.

So würde zum Beispiel Merkur in Zwillinge große Wissbegierde mit sich bringen und darauf hindeuten, dass die Person sehr sozial eingestellt ist, was aber wiederum von allen anderen Faktoren im Horoskop beeinflusst wird.

DER GEBURTSHERRSCHER

Der Planet, der das Zeichen regiert, in dem der Aszendent steht, soll einen maßgeblichen Einfluss auf das Horoskop einer Person (oder auch eines Ereignisses) haben. Das Zeichen und das Haus, in dem dieser Planet steht, verändert die Energie des Aszendenten. Hat eine Person einen Wassermann-Aszendenten, ist ihr Geburtsherrscher Uranus. Steht er zum Beispiel im 6. Haus in der Waage, deutet das darauf hin, dass die Person eine einzigartige und besondere kreative Ader hat, die sie in Arbeit und Alltag einzusetzen vermag.

STELLIUM

Stehen drei oder mehr Planeten in einem Zeichen, spricht man von einem Stellium. Das bedeutet, dass dieses Zeichen größeren Einfluss hat, als wenn nur ein Planet in ihm stehen würde. Da Merkur und Venus die meiste Zeit des Sonnenjahres mit der Sonne wandern, enthalten Stellien oft einen oder beide dieser persönlichen Planeten.

GEGENSEITIGE REZEPTION VON PLANETEN

Zwei Planeten befinden sich in gegenseitiger Rezeption, wenn beide im Domizil des jeweils anderen Planeten stehen. Auch ohne Aspektverbindung stehen sie dadurch in enger Beziehung miteinander. Die beiden Planeten unterstützen sich gegenseitig, aber die Kraft dieser Unterstützung hängt davon ab, wie stark der einzelne Planet in dem jeweiligen Zeichen durch die Würden der Triplizität, die drei Tierkreiszeichen eines Elements, des Exils, der Erhöhung oder des Falls ist.

Steht zum Beispiel Mars in Schütze und Jupiter in Widder, befinden sich beide Planeten in Feuerzeichen und können sich daher gegenseitig gut unterstützen.

ASTEROIDEN UND CHIRON

In diesem Abschnitt befassen wir uns mit den vier wichtigsten Asteroiden und mit dem Planeten Chiron, auch wenn Ceres als bisher einziger Himmelskörper im Asteroidengürtel inzwischen zum Zwergplaneten aufgestiegen ist. Der Planetenbegriff in der Astronomie hat sich aufgrund neuer Entdeckungen verändert, und das passt hervorragend zu den Neuerungen in der Astrologie, deren Sprache wir gerade umstellen.

Chiron ⚷

Chiron ist einer der interessantesten und ungewöhnlichsten Himmelskörper in der Astrologie. In der Mythologie war Chiron ein Zentaur, aber er unterschied sich von den anderen Zentauren, die eher niedere Geschöpfe waren. Die meisten Zentauren hatten einen menschlichen Kopf und Rumpf und den Schweif und die Beine eines Pferdes, aber Chiron besaß menschliche Vorderbeine, was auf sein menschenähnliches Wesen hindeutete. Chiron war ein Lehrer, Heiler und Bogenschütze, und er war unsterblich. Als er von einem vergifteten Pfeil verwundet wurde, musste er deshalb so lange unerträgliche Schmerzen aushalten, bis er sich freiwillig bereit erklärte, für den an einen Felsen geketteten Gott Prometheus zu sterben.

Dieser Mythos hat dazu geführt, dass Chiron in der Astrologie als der verwundete Heiler gilt, und man sagt, dass er die Wunde in einem Horoskop verkörpere. Das Symbol für Chiron hat die Form eines Schlüssels. Der Mythos von Chiron und sein Ruf als Lehrer, Mentor und Heiler lassen uns ihn deshalb vielmehr als den Schlüssel oder die Brücke zur Heilung in einem Horoskop sehen. Diese Brücke wird auch als Regenbogenbrücke zwischen Geist und Materie bezeichnet. Ebenso gilt Chiron als eigenwilliger Schamane.

Chiron regiert zwar kein Zeichen, aber er wird den Sternbildern Zentaur und Schütze zugeordnet und hat viele schützetypische Eigenschaften – obwohl ihn manche wegen seiner Heilkraft auch mit der Jungfrau in Verbindung bringen. Es wäre also ungünstig, sich auf eine Wunde im Horoskop zu konzentrieren, sondern wir sollten ihre Heilung in Chiron sehen.

Eine Person mit Chiron in Wassermann im 2. Haus könnte sich zum Beispiel von anderen ausgegrenzt fühlen, wodurch ihr Selbstwertgefühl beeinträchtigt wird. Doch durch die

Beschäftigung mit höherem Wissen und ihre Verbindung mit dem gesamten Universum findet sie ihren Platz in der Gesellschaft.

Ceres ⚳

In der Mythologie ist Ceres die große Erdmutter und die römische Göttin des Ackerbaus. In der Astrologie hat sie eine Beziehung zu den Zeichen Krebs, Jungfrau und Stier. Im Horoskop steht Ceres für unsere Art der Ernährung und wir unsere eigenen Bedürfnisse befriedigen, je nachdem, in welchem Zeichen Ceres steht. Das jeweilige Haus zeigt an, welche Erfahrungen dazu beitragen, dass du deine Selbstliebe und Selbstakzeptanz stärkst. Es kennzeichnet deine individuelle Sprache der Liebe.

Ceres symbolisiert natürliche Zyklen, zum Beispiel Schwangerschaft und Geburt, den Wachstumszyklus und die Jahreszeiten, sie steht aber auch für Sterbehospize.

Wer den besten Ausdruck seiner Ceres lebt, ist im Einklang mit den natürlichen Zyklen der Natur und seines Körpers und achtet auf seine eigene Sprache der Liebe.

So fühlt sich zum Beispiel eine Person mit Ceres in Steinbock im 1. Haus in ihrem Selbstwertgefühl bestärkt, wenn sie ihre persönlichen Ziele erreicht und anderen helfen kann, für sich selbst Verantwortung zu übernehmen. Es besteht aber die Gefahr, dass sie sich zu stark mit ihrer Aufgabe identifiziert, andere Menschen anzuleiten, und mit ihrem Bedürfnis, andere zu beeindrucken. Wenn sie sich mehr auf ihre inneren Qualitäten besinnen würde und weniger darauf, andere zu kontrollieren, ob sie für sich selbst Verantwortung übernehmen, könnte sie die höheren Qualitäten ihrer Ceres zum Ausdruck bringen.

Pallas ⚴

In der griechischen Mythologie ist Pallas die Göttin der Weisheit und der klugen Kriegsführung. Ihre astrologische Glyphe zeigt den Speer der Gerechtigkeit, der auf ihre Rolle als Schutzgöttin und Kämpferin hinweist. Pallas steht in Beziehung zu den Zeichen Löwe, Waage und Wassermann und verkörpert erfinderische Klugheit und innovative Denkansätze, die neue Möglichkeiten eröffnen.

Im Horoskop steht der Asteroid Pallas für visionäre Kraft und die Fähigkeit, komplexe Muster zu durchschauen. Eine starke Stellung von Pallas findet sich oft in den Horoskopen von Astrolog*innen, weshalb er auch als »Asteroid der Astrologie« bezeichnet wird. Bei mir steht Pallas genau in Konjunktion mit meinem Geburtsherrscher Jupiter. Pallas gilt auch als Symbol für den Wunsch der Seele nach einer weniger binären Welt und mehr Geschlechtsneutralität. Daher ist es passend, dass ich ein Buch schreibe, das die binäre Welt, welche die Astrologie dominiert hat, hinter sich lässt. Pallas regiert in meinem Horoskop nicht nur meinen Schütze-Aszendenten, sie steht auch selbst in Schütze, in Konjunktion mit dessen Herrscher Jupiter, dem Lehrer.

Die Position von Pallas in Zeichen und Haus zeigt an, wo und wie du deine kreative Intelligenz am besten einsetzen kannst.

Vesta ⚶

In der römischen Mythologie ist Göttin Vesta die Hüterin des heiligen Feuers, des Opfer- und Herdfeuers. Ihre Priesterinnen waren die Vestalinnen, die das ständig brennende Feuer im Tempel der Vesta hüteten. Vesta steht in Beziehung zu den Zeichen Jungfrau und Skorpion. Die ursprüngliche Bedeutung des englischen Begriffs »Virgin« (Jungfrau) lautet »eine, die ganz bei sich selbst ist«. Dies deutet auf Vestas Ausrichtung auf Fokussierung und Engagement hin. In ihrer ungünstigen Ausprägung äußert sich dies in Fanatismus und Zwangsdenken.

Hat eine Person zum Beispiel Vesta in Skorpion im 10. Haus, konzentriert sie sich vielleicht sehr stark auf ihre Lebensaufgabe und engagiert sich übermäßig darin, oft unter Vernachlässigung ihrer zwischenmenschlichen Beziehungen, besonders wenn sie sich dieser Tendenz nicht bewusst ist.

Juno ⚵

Juno ist in der römischen Mythologie die Gemahlin des Gottes Jupiter (Hera in der griechischen Mythologie). In der Astrologie steht der Asteroid Juno für unsere Fähigkeit zu tragfähigen Beziehungen; er wird den Zeichen Waage (bedeutsame Beziehungen) und Skorpion (tiefe Bindungen) zugeordnet. Die Waage steht zudem für Gerechtigkeit, und somit ist Juno auch die Vertreterin der unterdrückten und benachteiligten Menschen.

Junos Stellung in Zeichen und Häusern symbolisiert, was du dir in einer Beziehung am meisten wünschst. In Schütze und im 11. Haus zum Beispiel wünschst du dir gemeinsame Überzeugungen und Zukunftsvisionen und dass dich mit deiner Partnerin oder deinem Partner nicht nur eine Liebesbeziehung, sondern auch Freundschaft verbindet.

10. KAPITEL

Geburtshoroskope im Detail

IN DIESEM KAPITEL befassen wir uns mit einigen Besonderheiten der Geburtshoroskop-Deutung. Dazu gehören Themen wie die Betonung der Hemisphäre, die Mondknoten, der Glückspunkt, rückläufige Planeten, abgefangene (eingeschlossene) Zeichen und Transite. Die ersten Punkte sind am wichtigsten für die Analyse des Geburtshoroskops. Die Deutung der Transite ist eine Methode der astrologischen Prognose, die in diesem Buch nur angerissen werden kann.

BETONUNG DER HEMISPHÄREN

Das Horoskop wird durch die Horizontachse (Aszendent/Deszendent) und die vertikale Achse (MC/IC) in vier Hemisphären unterteilt. Wir untersuchen, was die Betonung der Planeten und anderer Himmelkörper in den einzelnen Hemisphären bedeutet.

Südliche Hemisphäre

Die südliche Hemisphäre bildet die obere Hälfte des Horoskops – sie ist im Allgemeinen stärker extrovertiert, sachbezogen und verkörpert eine Tagesenergie oder Energie des Einatmens.

Wer eine größere Anzahl von Planeten in dieser Hemisphäre hat, führt tendenziell ein bewusstes, erlebnisbetontes Leben und erhält wahrscheinlich viel Energie durch die Interaktion mit seinem Umfeld.

Die Häuserbetonung muss mit der Hemisphärenbetonung kombiniert werden, denn die extrovertierten Qualitäten des Horoskops werden am deutlichsten, wenn die meisten Planeten im 7., 9., 10. und 11. Haus stehen. Dies ist weniger der Fall, wenn sich viele Planeten im 8. und 12. Haus befinden, denn diese beiden Häuser repräsentieren eher private Lebensbereiche mit der Energie der Nacht oder des Ausatmens. Außerdem werden sie von Wasserzeichen regiert, was bedeutet, dass sie eher introvertiert sind als die anderen Häuser.

Nördliche Hemisphäre

Die nördliche Hemisphäre bildet die untere Hälfte des Horoskops. Eine Häufung von Planeten in diesem Bereich ist Ausdruck der Nacht, der Energie des Ausatmens und weist auf einen eher introvertierten Charakter hin. Es handelt sich um eine eher gefühlsbetonte und introvertierte Person, die intuitiv und feinfühlig durchs Leben geht.

Sie genießt wahrscheinlich die Einsamkeit und braucht Zeit für sich allein, um neue Energie zu tanken. Zu viel Zeit mit anderen Menschen findet sie sehr anstrengend.

Eine Häufung von Planeten im 1. und im 5. Haus schwächt diese Eigenschaften etwas ab, da die beiden Häuser eher für Kontaktfreude stehen.

Östliche Hemisphäre

Die östliche Hemisphäre befindet sich auf der linken Seite des Horoskops – hier liegt der Schwerpunkt eher auf dem Tag und der Energie des Einatmens. Wer viele Planeten in der östlichen Hemisphäre hat, ist selbstbestimmt, zielorientiert und willensstark. Diese Menschen treffen bewusste Entscheidungen und schaffen ihre eigene Realität. Sie gelten oft als eigensinnig und können mit anderen weniger gut zusammenarbeiten.

Westliche Hemisphäre

Die westliche Hemisphäre befindet sich auf der rechten Seite des Horoskops. Dies ist die Energie der Nacht und des Ausatmens, in der wir uns eher dem Willen anderer und Kräften außerhalb unserer bewussten Wahrnehmung unterordnen. Diese Menschen sind von Natur aus eher kooperativ und kooperationsbereit, aber sie sind auch empfänglicher für gesellschaftlichen Druck.

Weil sie eher mit dem Strom schwimmen, fällt es ihnen leichter, einen anderen Kurs einzuschlagen, auch wenn sie sich bewusst für einen bestimmten Weg entschieden haben.

AUFSTEIGENDER ☊ UND ABSTEIGENDER ☋ MONDKNOTEN

Die beiden Mondknoten sind die Schnittpunkte zwischen der Mondbahn um die Erde und der scheinbaren Bahn der Sonne (Ekliptik). Der aufsteigende oder nördliche Mondknoten ist der Punkt, an dem der Mond die Ekliptik aus unserer Perspektive in nördlicher Richtung kreuzt, während der absteigende oder südliche Mondknoten den Punkt markiert, an dem der Mond die Ekliptik in südlicher Richtung kreuzt. Die beiden Mondknoten stehen sich immer gegenüber und bilden eine Achse.

In den meisten astrologischen Deutungen steht die Mondknotenachse für den Entwicklungsweg der Seele in jedem Leben, wobei der absteigende Knoten der Vergangenheit und der aufsteigende Knoten der Zukunft entspricht. Die Mondknoten wurden früher auch als Drachenkopf (aufsteigender Mondknoten) und Drachenschwanz (absteigender Mondknoten) bezeichnet. Sie symbolisieren unsere Charaktereigenschaften sowie unseren Seelenplan beziehungsweise unsere Lebensaufgaben und Wachstumsmöglichkeiten, die wir ganz bewusst angehen sollen. Das übergeordnete Thema der Mondknoten ist unsere fortwährende Weiterentwicklung, wobei keiner der beiden Knoten entweder nur gut oder nur schlecht ist. Wichtig ist, in welchen Häusern und Zeichen die Mondknoten stehen. Hier eine kurze Übersicht der verschiedenen Bedeutungen im Horoskop:

Aufsteigender Mondknoten im 1. Haus oder Widder:
Entwickle Unabhängigkeit, Mut, Spontaneität und Selbstbewusstsein.
Aufsteigender Mondknoten im 2. Haus oder Stier:
Entwickle starke Werte, Selbstwertgefühl, Verbundenheit mit der Erde und den Sinnen, Geduld und Loyalität.
Aufsteigender Mondknoten im 3. Haus oder Zwillinge:
Entwickle Neugier, die Fähigkeit zuzuhören, Offenheit für neue Ideen und andere Sichtweisen sowie Fingerspitzengefühl.
Aufsteigender Mondknoten im 4. Haus oder Krebs:
Entwickle Einfühlungsvermögen, die Fähigkeit, deine Empfindungen wahrzunehmen und zu akzeptieren, Bescheidenheit sowie Akzeptanz und Aufmerksamkeit für die Gefühle und Stimmungen anderer.
Aufsteigender Mondknoten im 5. Haus oder im Löwen:
Entwickle Selbstvertrauen, Kreativität, die Bereitschaft aufzufallen und einen Sinn für Spiel und Spaß.

Aufsteigender Mondknoten im 6. Haus oder Jungfrau:
Entwickle einen Sinn für Dienstleistungen, konzentriere dich mehr auf die tägliche Routine und auf Details, mäßige dich und handle mitfühlend.
Aufsteigender Mondknoten im 7. Haus oder Waage:
Entwickle die Fähigkeit zur Zusammenarbeit, diplomatisches Geschick, ein Bewusstsein für die Bedürfnisse anderer und dafür, wie man mit anderen zusammenlebt, arbeitet und teilt.
Aufsteigender Mondknoten im 8. Haus oder Skorpion:
Fixiere dich nicht zu sehr auf materielle Werte. Entwickle ein Bewusstsein für die seelischen Bedürfnisse und Motive anderer Menschen; setze deine Kraft und Energie für gemeinsame Unternehmungen ein.
Aufsteigender Mondknoten im 9. Haus oder Schütze:
Entwickle ein Bewusstsein für und Vertrauen in deine Intuition oder innere Führung, entwickle Abenteuerlust und Selbstvertrauen und werde dir eines höheren Bewusstseins gewahr.
Aufsteigender Mondknoten im 10. Haus oder Steinbock:
Entwickle Selbstbeherrschung und Respekt, nimm in bestimmten Situationen die Erwachsenenrolle ein, entwickle Verantwortungsbewusstsein und Selbstverantwortung.
Aufsteigender Mondknoten im 11. Haus oder Wassermann:
Entwickle Selbstbestätigung und die Bereitschaft, erfinderische und unkonventionelle Ideen zu teilen, die Fähigkeit, in Gruppen mitzuarbeiten und sich mit anderen auf gleichberechtigte und humanitäre Weise zu verbinden, sowie die Fähigkeit, dich mit Gleichgesinnten auszutauschen.
Aufsteigender Mondknoten im 12. Haus oder Fische:
Entwickle Mitgefühl, Hingabe, Vertrauen in die Urquelle, das kollektive, Schöpfungsprinzip, bedingungslose Liebe, einen spirituellen Weg und eine Methode der Selbstreflexion.
Absteigender Mondknoten im 1. Haus oder Widder:
Arbeite daran, den Einfluss von gewohnten Verhaltensweisen wie Impulsivität, ungesundem Egoismus, Ärger und übertriebenem Durchsetzungsvermögen zu verringern.
Absteigender Mondknoten im 2. Haus oder Stier:
Arbeite daran, starrköpfige Tendenzen, Widerstand gegen Veränderungen, übermäßige Anhänglichkeit an Besitz und Anhäufung von materiellen Gütern, übermäßiges Essen und andere Unmäßigkeiten zu reduzieren.
Absteigender Mondknoten im 3. Haus oder Zwillinge:
Arbeite daran, deine Unentschlossenheit, deine Überzeugung, dass du immer weitere Informationen oder Studien brauchst, bevor du handelst, zu verringern, ebenso das Ignorieren deiner Intuition und die Tatsache, dass du den Meinungen und Ideen anderer mehr vertraust als deinen eigenen.

Absteigender Mondknoten im 4. Haus oder Krebs:
Arbeite daran, die Abhängigkeit von anderen zu reduzieren, ebenso deine Unsicherheit, deinen manipulativen Umgang mit Gefühlen, deine mangelnde Risikobereitschaft und dein zu starkes Festhalten an Ängsten und Sicherheit.

Absteigender Mondknoten im 5. Haus oder Löwe:
Arbeite daran, dein Bedürfnis nach Bewunderung und Anerkennung durch andere, deine Anspruchshaltung, Risikobereitschaft und die Neigung zu dramatischen Szenen zu verringern.

Absteigender Mondknoten im 6. Haus oder Jungfrau:
Arbeite daran, deine Tendenz zur Selbstaufopferung, deine Probleme damit, von anderen etwas anzunehmen, deine Entscheidungslähmung, deine Ängste und Sorgen und deine übermäßige Kritik zu verringern.

Absteigender Mondknoten im 7. Haus oder Waage:
Arbeite daran, deine Selbstlosigkeit, dein überfreundliches Auftreten zu deinem eigenen Nachteil und dem von anderen, deine Co-Abhängigkeit und die Tatsache, dass du dich selbst nur durch die Augen anderer sehen kannst, zu verringern.

Absteigender Mondknoten im 8. Haus oder Skorpion:
Arbeite daran, dein zwanghaftes Verhalten, die Beschäftigung mit den Beweggründen und Handlungen anderer, deine Hyperreaktivität und Reizbarkeit gegenüber anderen sowie deinen Hang zu Krisen zurückzunehmen.

Absteigender Mondknoten im 9. Haus oder Schütze:
Arbeite an deinem dogmatischen und selbstgerechten Verhalten, hör zu, was andere sagen, mäßige deine Angewohnheit, andere zu übergehen und zu sprechen, bevor du die Dinge durchdacht hast.

Absteigender Mondknoten im 10. Haus oder Steinbock:
Arbeite an deinem Bedürfnis, alles und jeden zu kontrollieren und für alles und jeden verantwortlich zu sein, immer stark erscheinen zu müssen und zu sehr auf ein Ziel fixiert zu sein.

Absteigender Mondknoten im 11. Haus oder Wassermann:
Arbeite an deiner Angewohnheit, dich von emotionalen Situationen abzuschotten und abweisend zu wirken, Konfrontationen zu vermeiden und dich anzupassen, damit du dich akzeptiert fühlst, statt deine Individualität zu zeigen.

Absteigender Mondknoten im 12. Haus oder Fische:
Arbeite daran, deine Überempfindlichkeit und Opferhaltung abzubauen, reduziere deine Tendenz, dich zurückzuziehen und vorschnell aufzugeben, deine extreme Realitätsflucht und deine Selbstzweifel.

DER GLÜCKSPUNKT ⊗

Der Glückspunkt wird anhand der Längengrade von Sonne, Mond und Aszendent berechnet, eine Methode, die in der antiken Astrologie gängige Praxis war. Mit dem Wiederaufleben der hellenistischen Astrologie kehrt sie zurück. Sie ist zwar nur eine der zahlreichen arabischen oder griechischen Traditionen der Berechnung, aber sie ist die bekannteste und am häufigsten verwendete Methode.

Der Glückspunkt kann mithilfe der meisten astrologischen Programme berechnet werden. Zu seiner Berechnung wird die folgende Methode angewendet: In einem Tag-Geburtshoroskop, bei dem die Sonne in der südlichen Hemisphäre oder über dem Horizont steht, liegt der Glückspunkt auf der Position, an der sich der Mond befände, wenn die Sonne auf dem Aszendenten stehen würde. In einem Nacht-Geburtshoroskop, bei dem die Sonne in der nördlichen Hemisphäre oder unter der Horizontachse steht, liegt der Glückspunkt auf der Position, wo sich die Sonne befände, wenn der Mond auf dem Aszendenten stehen würde. In beiden Fällen zählst du die Gradzahlen zwischen Sonne und Mond und berechnest diesen Abstand entweder im oder gegen den Uhrzeigersinn. Dies hängt wiederum davon ab, wo der Aszendent steht.

Der Glückspunkt zeigt an, in welchem Lebensbereich Glück und Erfolg auf dich warten. Dies lässt sich erkennen am Zeichen und Haus, in dem der Glückspunkt liegt. Ein Glückspunkt in Zwillinge im 6. Haus könnte auf beruflichen Erfolg durch Schreiben oder öffentliche Rede hindeuten, vor allem, wenn du dabei anderen Menschen hilfst.

RÜCKLÄUFIGE PLANETEN

Ein Planet wird als rückläufig bezeichnet, wenn er sich aus unserer Perspektive rückwärts zu bewegen scheint. Kein Planet läuft wirklich rückwärts; diese Bewegung ist ein optischer Effekt, der entsteht, wenn ein Planet sich von der Erde aus gesehen vor der Sonne befindet. Von uns aus betrachtet läuft dieser Planet immer langsamer, bis er zum Stillstand kommt. Dies wird als »stationäre Phase« bezeichnet. Danach ist der Planet wieder direktläufig. Das ist der Fall, wenn der Planet aus unserer Perspektive hinter der Sonne läuft. In Wirklichkeit drehen sich aber alle Planeten in unserem Sonnensystem um die Sonne.

Sonne und Mond sind nie rückläufig, im Gegensatz zu allen anderen Planeten; Merkur ist sogar drei oder vier Mal im Jahr für etwa drei Wochen rückläufig. Im Horoskop wird ein rückläufiger Planet entweder rot markiert oder mit einem »R« versehen. Phasen der Rückläufigkeit wirken am stärksten in der Zeit vor und nach der stationären Phase.

Mondknoten-Facts: Finsternisse und Seelengruppen

Wenn ein Neu- oder Vollmond in der Nähe der Mondknoten auftritt, kommt es aus unserer Perspektive zu einer Finsternis. Eine Mondfinsternis findet nur bei Vollmond statt, wenn die Erde zwischen Sonne und Mond und innerhalb eines Abstands von 11 Grad 38 Minuten von einem der beiden Mondknoten steht. Eine Sonnenfinsternis findet nur bei Neumond statt, wenn der Mond zwischen Erde und Sonne und innerhalb eines Abstands von 17 Grad 25 Minuten von einem der beiden Mondknoten steht. Bei einer totalen Sonnenfinsternis findet die Sonne-Mond-Konjunktion innerhalb eines Abstands von 11 Grad 15 Minuten von der Mondknotenachse statt.

Die Mondknoten stehen sich etwa 1,5 Jahre lang in zwei Zeichen gegenüber. Alle Finsternisse finden während dieses Zeitraums in einem der beiden Zeichen statt. Wer in diesem Zeitraum geboren wird, hat dieselben Mondknoten im Horoskop. Weil die Mondknoten für wichtige Lebensaufgaben und den Seelenplan stehen, gehören diese Menschen zur selben »Seelengruppe«. Der vollständige Lauf der Mondknoten durch den Tierkreis beträgt etwa 18,7 Jahre, sodass alle, die etwa 18,7 Jahre nach uns geboren werden, zur selben Seelengruppe gehören. Die Personen, die etwa neun Jahre vor oder nach uns geboren werden, bilden unsere Mondknoten-Gegenpole. Wir fühlen uns oft stark zu diesen Menschen hingezogen, da sie uns helfen, die mit dem aufsteigenden Mondknoten verbundenen Lebensziele zu erreichen.

Die Auswirkungen der scheinbaren Rückläufigkeit sind auf die Nähe des Planeten zur Erde zurückzuführen und auf die Tatsache, dass er von der Erde aus gesehen in einem Bereich des Tierkreises zurückläuft, wodurch seine Energie stärker wahrnehmbar ist. Sein rückläufiger Weg führt uns auf eine Reise nach innen oder in die Energie der Nacht und lädt uns ein, auszuatmen und Themen aus der Zeit, in welcher der Planet direktläufig war, loszulassen.

Enthält ein Geburtshoroskop rückläufige Planeten, kannst du überprüfen, ob die betreffende Person vielleicht ganz spezielle Begabungen und Talente hat. Dies ist zum Beispiel der Fall, wenn Merkur im Horoskop rückläufig ist. Diese Menschen neigen dazu, Dinge gründlich zu hinterfragen und auf den Prüfstand zu stellen. Es handelt sich außerdem um einen Bereich, in dem wir uns stärker auf uns selbst konzentrieren. Dies wird noch verstärkt, wenn der rückläufige Planet ein persönlicher Planet ist, wie Merkur, Venus oder Mars. Sind Jupiter oder Saturn rückläufig, kann es sein, dass sich die betreffende Person in irgendeiner Weise ausgeschlossen fühlt. Bei einem rückläufigen geistigen

Planeten – Neptun, Uranus oder Pluto – kann jemand das Gefühl haben, nicht mehr mit den Menschen der eigenen Generation übereinzustimmen. Mehr als drei Rückläufigkeiten in einem Geburtshoroskop sind ungewöhnlich, aber wenn das der Fall ist, fühlt sich die betreffende Person sehr fremd in der Welt, in die sie hineingeboren wurde, und ist wahrscheinlich wirklich einzigartig.

ABGEFANGENE ZEICHEN

Bei abgefangenen (oder eingeschlossenen) Zeichen handelt es sich um Tierkreiszeichen ohne Häuserspitze. Dieses Phänomen tritt auf, wenn inäquale Häusersysteme verwendet werden wie die von Placidus, Porphyrius oder Koch. In diesen Häusersystemen sind die vier Quadranten in ungleich große Häuser unterteilt. Die einander gegenüberliegenden Häuser sind gleich groß. Das 1. Haus beginnt mit dem aktuellen Grad des Aszendenten. Der Größenunterschied wird immer gravierender, je weiter die Person vom Äquator entfernt geboren wurde. Das führt dazu, dass zwei der zwölf Zeichen vollständig in zwei gegenüberliegende Häuser eingeschlossen sind und nicht an der Hausspitze stehen. Sie herrschen also nicht über eigene Häuser. Wird ein Zeichen abgefangen, ist auch das ihm gegenüberliegende Zeichen davon betroffen.

Im Gegensatz zur modernen westlichen Astrologie verwenden traditionellere Astrolog*innen äquale Häusersysteme, wie zum Beispiel das System der Ganzen Zeichen, bei dem jedes Haus exakt 30° umfasst.

Die Energien der abgefangenen Zeichen im Geburtshoroskop sind für die betreffende Person schwerer zugänglich, was ihre Entwicklung erschwert. Ein Blick auf die Stellung und die Aspekte der herrschenden Planeten der abgefangenen Zeichen gibt dir an, wie du Zugang zu diesem Teil deines Horoskops finden kannst.

TRANSITE

Mithilfe von Transiten lassen sich die kontinuierlichen Bewegungen der Planeten in Bezug auf das Geburtshoroskop deuten. Ein Planet kann einen Geburtsplaneten mit jedem beliebigen Aspekt transitieren, und das bietet die Möglichkeit, Tendenzen und persönliche Entwicklungsschritte vorherzusagen. Bei der Deutung eines Transits werden die Schlüsselbegriffe des durchlaufenden Planeten nach Zeichen und Haus mit dem transitierten Planeten oder Punkt im Horoskop nach Zeichen und Haus kombiniert.

Rückläufigkeit

Die Rückläufigkeit der Planeten findet zu unterschiedlichen Zeitpunkten statt und dauert unterschiedlich lang. Die Zeitspanne, bis die Planeten wieder im gleichen Winkel zur Sonne stehen wie vor der Rückläufigkeit, nennt man »synodische Periode«.
MERKUR ist alle 3,8 Monate für 21 Tage rückläufig.
VENUS ist etwa alle 19,2 Monate für 21 Tage rückläufig.
MARS ist alle 25,6 Monate für etwa 72 Tage rückläufig.
JUPITER ist alle 13,1 Monate für etwa 121 Tage rückläufig.
SATURN ist alle 12,4 Monate für etwa 138 Tage rückläufig.
URANUS ist alle 12,15 Monate für etwa 151 Tage rückläufig.
NEPTUN ist alle 12,07 Monate für etwa 158 Tage rückläufig.
PLUTO ist alle 12,3 Monate für etwa 150 Tage rückläufig.

Die wichtigste Methode, um Transite zu deuten, ist die Betrachtung der Planetenrückkehr. Das ist die Rückkehr des Planeten zu demselben Punkt, an dem er sich zum Zeitpunkt der Geburt befand. Dies ist nur bei den Planeten bis Uranus möglich, da Neptun einen Zyklus von 164 Jahren und Pluto von 248 Jahren hat.

Der Mond kehrt etwa alle 28 Tage zurück und die Sonne alle 365 Tage. Ein Rückkehrhoroskop kann für jede Planetenwiederkehr erstellt werden und zeigt die Entwicklung und den Fokus der Person für den nächsten Zyklus des jeweiligen Planeten an.

Am häufigsten wird das Solarhoroskop berechnet. Es wird für den Moment erstellt, in dem die Sonne zu dem Grad und der Minute zurückkehrt, an dem sie sich im Geburtshoroskop befand. Astrologen sind sich nicht einig, ob man dafür den Geburtsort oder den aktuellen Standort verwendet; ich bevorzuge den Geburtsort. Das Solarhoroskop wird wie das Geburtshoroskop gedeutet und bezieht sich auf das kommende Jahr. Dieses Horoskop ist ein Indikator dafür, was dein nächstes Sonnenjahr bringen wird.

Am bekanntesten ist die Rückkehr des Saturn, die etwa im Alter von 29, 58 und 77 Jahren stattfindet und wichtige Reifephasen oder Lebensabschnitte anzeigt.

Nachdem wir nun die Horoskopanalyse vertieft haben, gehe nun weiter zu deiner persönlichen Bestimmung, damit du dir einen Überblick verschaffst, welche Berufe zu den einzelnen Tierkreiszeichen passen.

TEIL III

Wie du die Astrologie für Beruf und Partnerschaft nutzen kannst

Hier erfährst du alles über die zwölf Sonnenzeichen in Bezug auf Beruf und Partnerschaft. Vielleicht erhältst du dadurch Anregungen für deinen eigenen beruflichen Lebensweg. Außerdem erfährst du, welche Tierkreiszeichen in einer Beziehung miteinander harmonieren.

11. KAPITEL

Welcher Beruf eignet sich für welches Tierkreiszeichen?

EIN GEBURTSHOROSKOP KANN dir einen guten Hinweis auf den Beruf geben, der dich am meisten erfüllt und in dem du deine einzigartigen Talente und Fähigkeiten am besten entfalten kannst. Es kann dir jedoch nicht genau sagen, welchen Berufsweg du einschlagen sollst. Betrachte es daher am besten als Anregung für bisher noch unbekannte Möglichkeiten.

In diesem Kapitel werfen wir einen genaueren Blick auf die persönlichen Eigenschaften der einzelnen Tierkreiszeichen und welche Berufe zu ihnen passen könnten. Bitte betrachte die dort enthaltenen Impulse als Grundlage für eigene Überlegungen.

So könnte bei einem MC in Zwillinge der Beruf der Fotografin infrage kommen. Weist das Horoskop aber auch eine starke Betonung des 8. Hauses auf, könnte die Boudoir-Fotografie von Interesse sein, da sich diese Person zu tiefgründigen Themen und spirituellen Aufgaben hingezogen fühlt.

Um ein klares Bild davon zu bekommen, welcher Beruf am besten zu dir passt, schaue über dein Sonnenzeichen hinaus – ich schlage vor, das Zeichen des MC (Spitze des 10. Hauses) im Geburtshoroskop zu betrachten sowie das Zeichen und die Hausstellung des Herrschers dieses Zeichens. Auf diese Weise kannst du eine genauere Vorstellung davon gewinnen, welcher Beruf sich am besten für dich eignet.

Auch eine Analyse des 6. Hauses gibt Auskunft darüber, welche Tätigkeit deiner Persönlichkeit am meisten entspricht. Dazu kommen die Element- und Modalitätsbetonungen, ein Stellium in einem Zeichen und die Aspekte. Mit anderen Worten: Um mithilfe des Horoskops den für dich richtigen Beruf zu finden, musst du gründlich vorgehen.

Bei jedem Sonnenzeichen findest du nachfolgend Beispiele ihrer berühmten Vertreter*innen – doch wie du weißt, sind wir mehr als unser Sonnenzeichen. Berücksichtige deshalb alle Elemente, wenn du dein eigenes Horoskop deutest.

DER WIDDER IM BERUF

Widder eignen sich am besten für Berufe, in denen sie die Führung übernehmen oder selbstständig arbeiten können. Am liebsten beginnen sie neue Projekte in Zusammenarbeit mit anderen, an die sie dann all die Aufgaben delegieren, um das zu Ende zu bringen, was sie selbst angeschoben haben. Widder mögen ein dynamisches und leistungsorientiertes Umfeld, in dem sie ihre angeborene Begeisterungsfähigkeit voll entfalten können, ohne dass diese abgebremst wird. Widder sind in der Regel mutig und stellen sich jeder Herausforderung, sie sind bereit, Risiken einzugehen, und sind sehr konsequent. Sie sind die furchtlosen und geradlinigen Macher.

Ideale Berufe für den Widder sind: Mitarbeiter*in bei der Feuerwehr, Chirurg*in, Rettungssanitäter*in, Art Director, PR-Profi, Soldat*in oder Polizist*in, Unternehmer*in, Risikokapitalgeber*in, Freeclimber*in, Reiseleiter*in, Fitnesstrainer*in, Lehrer*in, Sportcoach*in, Leichtathlet*in, Metallbildhauer*in, Mechaniker*in, Jäger*in, Silberschmied*in und Köchin oder Koch.

Widder sind die geborenen Führungskräfte und als Chef*innen höchst inspirierend und energiegeladen. Ihre Mitarbeiter*innen wissen sofort, was von ihnen erwartet wird, sei es durch Lob oder scharfe und direkte Kritik. Rachsucht kennen Widder nicht; sie sind einfach direkt bis ins Mark. Widder-Chef*innen mögen es nicht, wenn man zu lange zaudert. Sie erwarten, dass jeder und jede Mitarbeiter*in die Arbeit mit viel Energie erledigt und Projekte zügig zum Abschluss bringt. Sie genießen Bewunderung und Respekt, durchschauen aber jede falsche Schmeichelei im Nu.

Widder-Mitarbeiter*innen arbeiten hart und dynamisch, wenn man nicht versucht, sie in starre Abläufe zu zwängen oder an einen Schreibtisch zu ketten. Wenn sie sich langweilen, ziehen sie mit Sicherheit schnell weiter. Haben sie aber größtmögliche Handlungsfreiheit und möglichst wenig Verantwortung für andere, laufen sie zu Hochtouren auf. Sie sind die produktivsten und dynamischsten Mitarbeiter*innen, wenn man ihnen die Freiheit lässt, ihren Zeitplan und ihre Arbeitsweise selbst zu bestimmen.

Widder sind nicht die besten Teamplayer, es sei denn, sie haben die Führung und können ihr eigenes Ding machen. Sie sind wettbewerbsorientiert und wollen die Ersten sein, deshalb werden sie nicht sehr begeistert sein, wenn andere die Karriereleiter erklimmen. Als Führungskräfte sind sie voller Elan und motivierend.

Berühmte Widder-Persönlichkeiten:
Tommy Hilfiger, Jackie Chan

DER STIER IM BERUF

Stiere sind am besten für Berufe geeignet, die ihnen Stabilität und Sicherheit geben. Stier-Menschen sind loyal und hartnäckig, können aber auch stur und schwerfällig sein. Sie mögen aber auch die schönen Dinge des Lebens: gutes Essen, eine ästhetische und gemütliche Umgebung und die Natur. Stiere lieben die greifbaren Dinge des Lebens und arbeiten daher gerne mit konkreten Dingen, die sie anfassen, sehen, riechen, hören und schmecken können. Gute Berufe für den Stier sind: Bankmitarbeiter*in, Kassierer*in, Finanzier*in, Hypothekenverwalter*in, Sänger*in, Landwirt*in, Immobilienmakler*in, Innenarchitekt*in, Fußpfleger*in, Fußreflexzonentherapeut*in, Florist*in, Landschaftsgärtner*in, Juwelier*in, Beauty-Blogger*in, Markenbotschafter*in, Winzer*in, Koch bzw. Köchin, Landschaftsfotograf*in, Assistent*in der Geschäftsführung und Restaurantleiter*in.

Stier-Chef*innen arbeiten hartnäckig an der Erweiterung und dem Wachstum des Unternehmens oder ihres Verantwortungsbereichs. Sie sind wahrscheinlich die geduldigsten Chef*innen von allen, und sie mögen ein harmonisches und friedliches Umfeld. Daher bleiben sie in der Regel bei kleinen Problemen gelassen. Bei wirklich großen Problemen können sie sich jedoch in einen wütenden Stier verwandeln, allerdings geben sie ihren Mitarbeiter*innen normalerweise die Chance, Fehler zu korrigieren, bevor sie ganz die Beherrschung verlieren. Da Stier-Chef*innen Stabilität und konstante Ergebnisse schätzen, sind sie meist sehr tolerant gegenüber den Mitarbeiter*innen, die mehr Zeit brauchen, um eine Sache perfekt zu erledigen, statt Tempo zu verlangen. Sie schätzen Mitarbeiter*innen, die diszipliniert und sorgfältig vorgehen.

Stier-Mitarbeiter*innen sind zuverlässig, unerschütterlich und vertrauenswürdig. Sie haben eine beruhigende Ausstrahlung und lassen sich von Krisen nicht aus der Ruhe bringen – eine Krise kann sogar das Beste in ihnen zum Vorschein bringen, da sie Ruhe bewahren. Sie sind sehr angenehme Zeitgenossen, auch wenn ihr manchmal behäbiges Tempo und ihr Widerstand gegen Veränderungen dynamischere Kolleg*innen auf die Palme bringt. Dafür bringen sie feine Leckereien mit an den Arbeitsplatz, und wenn man Zuwendung braucht, ist man bei ihnen gut aufgehoben. Zudem können sie Selbstständige hervorragend dabei unterstützen, Projekte zu einem guten Abschluss zu bringen.

Berühmte Stier-Persönlichkeiten:
George Clooney, Stevie Wonder, Kenan Thompson, Sam Smith, Kristen Stewart

Die Sonnenzeichen der Reichen und Berühmten

Betrachtet man die *Forbes*-Liste der Top 100 am besten bezahlten Entertainer im Jahr 2018, ist es interessant, auch einen Blick auf die vermögendsten Persönlichkeiten hinsichtlich ihres Tierkreiszeichens zu werfen.

Stier-Geborene toppen die Liste mit insgesamt 12,68 Prozent. Das ist nicht weiter verwunderlich, da sie in der Regel ein Talent für Vermögensbildung haben. Unter ihnen sind George Clooney, Dwayne Johnson und Jerry Seinfeld.

Die Schützen hingegen haben nur einen Anteil von 2,7 Prozent an den Top 100. Sie neigen dazu, Erfahrung wichtiger zu finden als Geld; möglicherweise ist das die Ursache dafür, dass sie weniger oft auf der Liste vertreten sind. Zwei von ihnen sind Scarlett Johansson and Jay-Z.

27 Prominente der *Forbes*-Liste der Milliardäre wurden im Zeichen Waage geboren – ihnen wird nachgesagt, dass sie ein gutes Händchen für Finanzen haben. Unter ihnen sind Ralph Lauren and Alice Walton.

Erstaunlicherweise befinden sich aber nur acht Steinbock-Geborene unter den Milliardären, wie etwa Jeff Bezos, obwohl ihr Tierkreiszeichen für Ehrgeiz und harte Arbeit steht.

ZWILLINGE IM BERUF

Aufgrund ihres gesprächigen, neugierigen und sprunghaften Charakters eignen sich Zwillinge am besten für Berufe, die ihnen viele Möglichkeiten bieten, ständig Neues zu erfahren und mit vielen Menschen zusammenzukommen. Sie lieben weder Routine noch allzu langes Stillsitzen. Zwillinge sind überzeugend, im Allgemeinen gute Redner, temperamentvoll und lieben Multitasking. Darüberhinaus mögen sie ein dynamisches Arbeitsumfeld.

Berufe, die für Zwillinge geeignet sind: Wissenschaftler*in, Werbeberater*in, Journalist*in, Schriftsteller*in, Lehrer*in, Buchhalter*in, Computerprogrammierer*in, Ingenieur*in, Projektmanager*in, Medienanalyst*in, Kommunikationswissenschaftler*in, Dolmetscher*in, Transportarbeiter*in, Fahrer*in, Sprecher*in, Entertainer*in, TV-, Radio- oder Podcast-Moderator*in, Blogger*in, Fotograf*in, Dozent*in, Reiseführer*in, persönliche Assistentin, Verkäufer*in.

Die Zusammenarbeit mit Zwillinge-Chef*innen kann aufgrund ihrer rastlosen und unberechenbaren Natur schwierig sein. Sie sind ständig in Bewegung. Sie arbeiten am effektivsten, wenn alle Routineaufgaben delegiert sind und sie sich mit Ideen und abstrakten Projekten und Plänen beschäftigen können. Zwillinge-Chef*innen lieben die Abwechslung, und sie kriegen alles mit, was um sie herum vorgeht.

Als Vorgesetzte sind sie sehr sympathisch, da sie einen großartigen Sinn für Humor haben und sehr gesellig sind – aber sie sind emotional eher distanziert und wollen sich nicht zu sehr in irgendwelche Gefühlsdramen unter den Mitarbeiter*innen einmischen. Für etwas gesetztere Mitarbeiter*innen kann sich die Zusammenarbeit mit ihnen wie ein einziges Chaos anfühlen. Wer mit Sprunghaftigkeit und dem schnellen Tempo klarkommt, hat mit ihnen viel Spaß.

Zwillinge-Mitarbeiter*innen können es nicht leiden, in irgendeiner Weise eingeengt zu werden und sind unzufrieden, wenn sie sich zu sehr eingeschränkt fühlen; das lähmt sie und macht sie ineffektiv. Obwohl sie zerstreut zu sein scheinen, eignen sie sich in Wirklichkeit alle Informationen an und machen ihre Arbeit gut. Dies gilt insbesondere, wenn ihre natürlichen Kompetenzen genutzt werden. Es fällt ihnen auch leicht, Gehaltserhöhungen auszuhandeln, da sie immer ein gutes Argument dafür haben, warum sie mehr Geld verdient haben.

Als Arbeitskolleg*innen sind Zwillinge sehr unterhaltsam, schweifen aber auch oft ab, da ihre Gedanken oft von einem Thema zum anderen springen. Sie quatschen ständig, aber sie sind das Herz und die Seele des Arbeitsplatzes und organisieren wahrscheinlich Betriebsfeste oder andere Veranstaltungen.

Berühmte Zwillinge-Persönlichkeiten:
Marilyn Monroe, Harvey Milk, Venus Williams, Aung San Suu Kyi, Laverne Cox, Boy George

DER KREBS IM BERUF

Krebs-Menschen sind anpassungsfähig und fürsorglich. Sie eignen sich am besten für Berufe, in denen sie sich um Menschen oder Häuser kümmern. Sie sind traditionsbewusst und lieben alles, was mit kulturellem Erbe sowie Emotionen zu tun hat. Ihre emotionale Bindung an ihren Beruf ist wichtig, sonst reagieren sie schnell empfindlich und könnten sogar aus dem Ruder laufen. Sie haben ein gutes Händchen für Finanzen.

Geeignete Berufe für Krebse sind: Krankenschwester oder -pfleger, Kinderarzt oder Gynäkologin, Berater*in, Geschäftsführer*in, Raumgestalter*in, Immobilienmakler*in,

Archäolog*in, Historiker*in, Caterer, Bäcker*in, Ernährungsberater*in, Diätassistent*in, Organisationsberater*in, Feng-Shui-Expert*in, Lehrer*in, Köchin bzw. Koch, Content Manager*in, Branding-Profi, Webdesigner*in, Sozialarbeiter*in oder Sales Manager*in.

Krebs-Chef*innen achten streng auf eine gute Arbeitsmoral und sind in ihrem Beruf sehr engagiert. Angestellte werden für gute Leistungen in ihrem Job belohnt, aber jede Nachlässigkeit oder Unpünktlichkeit wird bemängelt. Das Bedürfnis der Krebse nach finanzieller Sicherheit verleiht dem Arbeitsplatz einen hohen Stellenwert. Bei einem Krebs als Chef*in ist eine sorgfältige und seriöse Arbeitsweise angebracht.

Krebs-Mitarbeiter*innen arbeiten vor allem für ihre finanzielle Sicherheit und nehmen daher ihre Karriere sehr ernst und sind sehr fleißig. Sie erwarten, dass sie für ihren Fleiß mit angemessenen Gehaltserhöhungen belohnt werden; wenn das der Fall ist, bleiben sie ihrem Arbeitsplatz lange treu. Sie wollen außerdem auf der Karriereleiter aufsteigen. Wichtig ist, dass Krebse es schaffen, ihre privaten Probleme von der Arbeit zu trennen.

Krebse sind geborene Teamplayer und verhalten sich im Allgemeinen freundlich und fürsorglich gegenüber ihren Kolleg*innen. Sie brauchen jedoch ein stressfreies Arbeitsumfeld – wenn das Chaos ausbricht, geraten auch ihre Gefühle ins Wanken.

Berühmte Krebs-Persönlichkeiten:
Nelson Mandela, Malala Yousafzai, George Michael, Missy Elliott, Michael Flatley, Danny Glover

DER LÖWE IM BERUF

Löwen stehen gern im Rampenlicht und als die Könige des Tierkreises erwarten sie, auch als solche behandelt zu werden. Löwen sind präsent und leidenschaftlich, experimentierfreudig, kreativ und unterhaltsam. Da sie von Natur aus Führungspersönlichkeiten sind, eignen sie sich am besten für Berufe, die sie in diese Position bringen oder in denen sie ihr enormes Können zeigen können.

Geeignete Berufe für Löwen sind: Schauspieler*in, DJ oder DJane, Grafikdesigner*in, Werbeberater*in, Kabarettist*in, Rundfunksprecher*in, CEO, Regierungsmitarbeiter*in, Architekt*in, Regisseur*in, Eventplaner*in, Medienberater*in, Vlogger*in, Model, Produktpromoter*in, Verkaufsleiter*in, Juwelier*in, Künstler*in oder Kinderanimateur*in.

Löwen sind geborene Führungspersönlichkeiten und lassen dies auch alle anderen spüren. Als gute Organisator*innen verteilen sie ihre Aufgaben geschickt an ihr Team. Sie sind offen für neue Ideen, aber nicht immer bereit, den Mitarbeiter*innen, welche die

Idee hatten, Anerkennung zu zollen. Löwen schaffen in der Regel ein sehr aufregendes Arbeitsumfeld, und das kann eine Menge Spaß machen, wenn du sie in ihrer Führungsrolle bestätigst. Versuch nie, einen Löwen-Chef zu übertrumpfen, denn er ist sehr stolz und kann wie ein Kind reagieren, wenn er ausgebremst wird. Bewunderung und Komplimente für den oder die Chefin kommen allen Mitarbeiter*innen zugute, denn sie erhalten diese Aufmerksamkeit zurück.

Löwe-Mitarbeiter*innen brauchen viele Streicheleinheiten für ihr Ego und jede Menge Komplimente und Aufmerksamkeit. Auch auf einen Titel und besonderen Status reagieren sie begeistert. Werden sie jedoch ignoriert, sind sie zutiefst verletzt und zeigen sich verärgert. Sie brauchen eine Position, in der ihre Talente zur Geltung kommen – wenn das der Fall ist, sind ihre Loyalität und der Stolz auf ihre Arbeit immens. Geht man mit Löwe-Mitarbeiter*innen aufrichtig und ehrlich um, verhalten sie sich ebenso loyal. Sie neigen allerdings dazu, zu glauben, am Arbeitsplatz das Sagen zu haben. Es kann ratsam sein, sie in diesem Glauben zu lassen. Ist ein Löwe-Mensch in seinem Stolz verletzt, schmollt er gern, aber wenn er glücklich ist, strahlt er und ist allen freundlich gesinnt.

Berühmte Löwe-Persönlichkeiten:
Magic Johnson, Anna Paquin, Whitney Houston, Demi Lovato

DIE JUNGFRAU IM BERUF

Jungfrauen eignen sich am besten für Berufe, bei denen ihre kritischen und analytischen Fähigkeiten gefragt sind. Sie arbeiten gern mit den Händen und nutzen ihre Hand-Augen-Koordination für technische Aufgaben. Da sie gut organisiert und detailorientiert sind, fühlen sie sich zu Berufen hingezogen, die sinnvoll sind und dem Allgemeinwohl dienen. Mit anderen Worten: Sie wollen anderen Gutes tun und jeden Beruf bis zur Perfektion ausüben.

Ideale Berufe für Jungfrauen sind: Buchhalter*in, Ernährungsberater*in, Forscher*in, Kritiker*in, Datenanalyst*in, Statistiker*in, Wirtschaftsprüfer*in, Hausverwalter*in, Organizational Manager*in, Ermittler*in, Investor*in, Techniker*in, Bildhauer*in, Webdesigner*in, Modedesigner*in, 3-D-Modellbauer*in, Computeringenieur*in, Tierärztin bzw. Tierarzt, Schweißer*in, Pflanzenkundler*in, Empfangsmitarbeiter*in, Psycholog*in, Psychiater*in, Buchhalter*in, Bibliothekar*in, Bankangestellte/r , Mediziner*in, Redakteur*in, technische/r Autor/in, Prüfingenieur*in oder Diplomingenieur*in.

Jungfrau-Chef*innen achten auf jedes Detail und neigen zum Mikromanagement, denn sie erwarten, dass alles perfekt und ganz nach ihren Vorstellungen umgesetzt wird. Sie nehmen sich viel Zeit für Planung und Vorbereitung, bevor sie Entscheidungen treffen, was aber manchmal dazu führen kann, dass ihnen der Blick für das große Ganze fehlt. Jungfrauen sind in jeder Situation ihre eigenen größten Kritiker. Obwohl Jungfrau-Chef*innen sehr hohe Ansprüche haben, sind sie nicht autoritär, und sie sind hervorragend im Krisenmanagement, denn wie die meisten Erdzeichen haben sie viel Geduld.

Jungfrauen-Mitarbeiter*innen brauchen keine Streicheleinheiten für ihr Ego und sind bereit, sich in den Dienst einer Sache zu stellen. Ihr Sinn für Fairness ist jedoch ausgeprägt, weshalb sie eine gerechte Vergütung verlangen und sich wahrscheinlich an jedes Detail des Arbeitsvertrags halten werden. Da Jungfrauen dazu neigen, sich Sorgen zu machen, spiegelt ihr Fokus auf diese Details ihre Befürchtungen wider, finanziell nicht abgesichert und abhängig zu sein. In einer Position, in der ihre Liebe zum Detail gefragt ist, wird ein Unternehmen von ihnen profitieren.

Jungfrauen sind hilfsbereit und unterstützen ihre Kolleg*innen darin, sich um die Details zu kümmern – aber das kann manchmal auch kritisch und pedantisch erscheinen. Gleichzeitig können sie auch ängstlich und gestresst wirken, wenn Einzelheiten nicht beachtet werden. Wenn du ein Medikament brauchst, hat dein*e Jungfrau-Kolleg*in es wahrscheinlich zur Hand, denn Jungfrauen interessieren sich sehr für alle Aspekte der Gesundheit. Wahrscheinlich führen sie eine Menge To-do-Listen.

Berühmte Jungfrau-Persönlichkeiten:
Beyoncé, Pink, Keanu Reeves, Stephen Fry, Lily Tomlin

DIE WAAGE IM BERUF

Waage-Geborene bevorzugen Frieden, Harmonie und Ausgeglichenheit und arbeiten am liebsten in einer Umgebung, die diese Energie ausstrahlt. Außerdem sind sie sehr menschenbezogen und lieben es, mit anderen zu interagieren und Beziehungen zu knüpfen, weshalb sie nicht gern allein arbeiten. Außerdem gefällt ihnen jeder Beruf, der mit Gerechtigkeit zu tun hat.

Ideale Berufe für die Waage sind Künstler*in, Personalleiter*in, Mediator*in, Diplomat*in, Maskenbildner*in, Hairstylist*in, Grafikdesigner*in, Rechtsanwältin bzw. Rechtsanwalt, Heiratsvermittler*in, Modedesigner*in, Berufsberater*in, Verhandlungsführer*in, Veranstaltungsplaner*in, Krankenpfleger*in, Betriebswirt*in, Qualitätskontrolleur*in,

Musiker*in, Politiker*in, Werbegrafiker*in, Geisteswissenschaftler*in, Sozialarbeiter*in oder Arbeitsrechtler*in.

Waage-Chef*innen sind eher für eine partnerschaftliche Zusammenarbeit geeignet als für einen Alleingang, aber so oder so sorgen sie für ein faires und gerechtes Unternehmen, in dem sie alle Menschen in jeder Hinsicht gleich behandeln. Der ständige Versuch, es allen recht zu machen, kann die Waage unentschlossen und schwankend erscheinen lassen. Sie mögen keine aggressiven und streitsüchtigen Mitarbeiter*innen und fühlen sich von denen beeindruckt, die sich um ihr Äußeres kümmern und brav mitspielen.

Waage-Angestellte bringen ihre beruhigende Präsenz in jede Arbeitssituation ein und sind ein Paradebeispiel für Taktgefühl und Diplomatie. Sie kommen mit fast jedem aus, solange die Umgebung nicht laut und streitsüchtig ist. Sie sind ehrgeizig, streben nach der verdienten Beförderung und bekommen als Luft- und Tageszeichen gern Aufgaben, die ihre intellektuellen Fähigkeiten fordern.

Waage-Kolleg*innen sind liebenswürdig, klug und mit allen gut befreundet. In hitzigen Diskussionen ergreifen sie keine Partei und nehmen Dinge oft persönlich, aber sie sind sehr freundlich und sorgen für eine angenehme Arbeitsatmosphäre.

Berühmte Waage-Persönlichkeiten:
Serena Williams, Martina Navratilova, Oscar Wilde, Will Smith, Bruno Mars, Cardi B

DER SKORPION IM BERUF

Der Skorpion ist ein tiefsinniges und komplexes Zeichen, das am besten in einem Umfeld arbeitet, das es ihm erlaubt, sich mit seiner fast obsessiven Neigung ganz in seine Arbeit zu versenken. Da Skorpion-Geborene eher zurückhaltend sind, arbeiten sie am besten allein; sie interessieren sich nicht für Small Talk und Plaudereien am Kaffeeautomaten.

Berufe, die zum Skorpion passen, sind: Psychotherapeut*in, Chirurg*in, Detektiv*in, Forscher*in, Ingenieur*in, Forensiker*in, Finanzberater*in, Marktanalyst*in, Geldeintreiber*in, Ermittler*in, Politiker*in, Politanalyst*in, Bestatter*in, Gerichtsmediziner*in, Fertilitätsspezialist*in, Sexualtherapeut*in, Chemiker*in, Schaman*in, Boudoir-Fotograf*in.

Skorpion-Chef*innen haben eine intensive Persönlichkeit und können sogar etwas einschüchternd wirken, da sie über eine ausgeprägte Präsenz verfügen und die Beweggründe ihrer Mitmenschen durchschauen können, was sie auch zu ihrem Vorteil nutzen. Obwohl sie ihren Mitarbeiter*innen nicht immer sofort vertrauen, belohnen sie verdiente und fähige Teammitglieder. Das fehlende Vertrauen kann zu Problemen beim Delegieren von Aufgaben führen, was die Produktivität eines Teams beeinträchtigen kann.

Skorpion-Mitarbeiter*innen sind eher in sich gekehrt, sehr selbstsicher und strahlen Selbstvertrauen aus. Sie sind die einfallsreichsten, zielstrebigsten und am stärksten motivierten Beschäftigten, können aber sowohl auf Chef*innen als auch auf Kolleg*innen ein wenig einschüchternd wirken. Am besten ist es, wenn sie ein großes und anspruchsvolles Projekt bearbeiten, das ihnen erlaubt, in ihrem Terrain zu bleiben und allein zu arbeiten.

Skorpion-Mitarbeiter*innen haben eine starke Präsenz und einen guten Zugang zur Psyche ihrer Kolleg*innen. Aufgrund ihrer Fähigkeit, anderen gut zuzuhören, werden ihnen die größten Probleme anvertraut, sie geben aber im Gegenzug wenig von sich selbst preis. Da sie sehr fleißig sind, sind sie gute Mitarbeiter*innen, sofern man nicht zu viel Leichtigkeit und Lockerheit von ihnen erwartet.

Berühmte Skorpion-Persönlichkeiten:
Leonardo DiCaprio, Jodie Foster, Drake, Whoopi Goldberg, Tim Cook, Julia Roberts

DER SCHÜTZE IM BERUF

Schütze-Geborene sind von Natur aus neugierig, optimistisch und abenteuerlustig und deshalb am besten für einen Beruf geeignet, der ihnen genügend Spielraum für körperliche und geistige Aktivitäten gibt. Ebenso erfüllend sind Aufgaben, bei denen ihre angeborene philosophische Natur zum Tragen kommt und durch die sie ständig Neues erforschen können.

Ideale Berufe sind: Theolog*in, Yogalehrer*in, Verleger*in, Reiseführer*in, Reisevermittler*in, Dolmetscher*in, Anwältin bzw. Anwalt, Richter*in, Professor*in, Gymnasiallehrer*in, Botschafter*in, Sportler*in (vor allem im Reitsport), Unternehmer*in, Hotelmanager*in, Marketingspezialist*in, Vertriebsmitarbeiter*in, Missionar*in, Architekt*in, Archäolog*in, PR-Manager*in, Personal Trainer*in, Markenbotschafter*in oder Reiseblogger*in.

Es macht Spaß, mit Schütze-Chef*innen zusammenzuarbeiten. Sie sind sehr umgänglich, und ihr Wissensdurst und ihre Lust auf immer neue Themen bieten auch ihren Mitarbeiter*innen die Möglichkeit, ihr eigenes Know-how zu erweitern. Typisch für sie ist allerdings, dass sie von einem Fettnäpfchen ins andere treten und ihre Mitmenschen mit ihrer unverblümten und unreflektierten Offenheit öfter mal vor den Kopf stoßen.

Als Mitarbeiter*innen wirkt ihre positive Lebenseinstellung erfrischend; ihre Begeisterungsfähigkeit und ihr Selbstvertrauen übertragen sich leicht auf ihre Kolleg*innen. Sie hinterfragen aber alles, was man ihnen sagt, denn Sätze wie »Das haben wir schon immer so gemacht« mögen sie nicht. Dann kommt ihre schonungslose Direktheit auch mal nicht so gut an. Doch überwiegend werden sie für ihren Scharfsinn und ihre durchdachte Vorgehensweise sehr geschätzt.

Mit Schütze-Kolleg*innen lässt sich sehr gut zusammenarbeiten, vorausgesetzt, man kann mit ihnen mithalten. Mit ihrem Sinn für schrägen Humor bringen sie gern andere zum Lachen – sie schätzen aber auch anregende Diskussionen. Ihre Hilfsbereitschaft macht sie zu wirklich guten Arbeitskolleg*innen.

Berühmte Schütze-Persönlichkeiten:
Taylor Swift, Billie Jean King, Nicki Minaj, Raven-Symoné, Jamie Foxx

DER STEINBOCK IM BERUF

Steinbock-Geborene sind wahre Baukünstler; sie lieben es, etwas Solides und Dauerhaftes auf die Beine zu stellen, sei es ein Gebäude, eine berufliche Karriere oder ein Unternehmen. Sie haben ein hohes Leistungsethos und sind unternehmerisch und betriebswirtschaftlich orientiert. Außerdem schätzen sie klare Strukturen und gefestigte Hierarchien.

Berufe, die zu Steinbock-Geborenen passen, sind: Buchhalter*in, Organisationsexpert*in, Lehrer*in, Kassenprüfer*in, Orthopädin bzw. Orthopäde, Finanzplaner*in, Programmierer*in, CEO, Werbetexter*in, Business Analyst*in, Architekt*in, Unternehmensberater*in, Kundendienstleiter*in, Rechtsanwaltsgehilf*in, Juwelier*in, Bauarbeiter*in, Elektriker*in, Human Ressource Manager*in, Supply Chain Manager*in, Zahnärztin bzw. Zahnarzt oder Expert*in für Forstwirtschaft.

Steinbock-Chef*innen sind sehr engagiert, arbeiten hart und konzentrieren sich auf den Aufbau ihrer Karriere oder ihres Unternehmens. Die Fokussierung auf die Arbeit kann dazu führen, dass Spaß und Freude zu kurz kommen. Ihre Teams führen sie effizient, und als Troubleshooter lösen sie Konflikte mit schwierigen Kunden sowie Krisensituationen.

Seriöse und fleißige Teammitglieder beeindrucken die Steinbock-Chef*innen. Sie sind die vermutlich am härtesten arbeitenden Mitarbeiter*innen eines Unternehmens und erledigen ihre Aufgaben ohne viel Aufhebens oder Drama. Steinbock-Mitarbeiter*innen sind zurückhaltend und sachlich, befolgen Anordnungen und klettern beharrlich die Karriereleiter empor.

Als Kolleg*innen achten sie vermutlich sehr genau darauf, dass alle ihre Aufgaben vorschriftsmäßig erledigen und ärgern sich über andere, die Fristen nicht einhalten oder schlampig arbeiten. Außerdem sind sie vermutlich als Erste mit Überstunden einverstanden, denn sie sind zuverlässig und bleiben auch mal länger, wenn es sein muss. Ebenso gern unterstützen sie ihre Kolleg*innen.

Berühmte Steinbock-Persönlichkeiten:
David Bowie, Ricky Martin, Denzel Washington, Mary J. Blige

DER WASSERMANN IM BERUF

Wassermann-Geborene sind die Individualist*innen unter den Tierkreiszeichen, denn sie halten sich nicht so gern an Regeln. Sie arbeiten deshalb am besten in einem Bereich, in dem sie ihr kreatives und eigenwilliges Wesen ausleben dürfen. Ebenso sind sie die Humanist*innen des Tierkreises. Sie finden größte Erfüllung in Berufen, die einer guten Sache dienen.

Dank ihres ausgeprägten Intellekts sind sie am glücklichsten in Berufen, in denen sie ihren Verstand einsetzen können, etwa als Astrolog*in, Astronom*in, Programmierer*in, Erfinder*in, Wissenschaftler*in, Umweltingenieur*in, Politstratege bzw. -strategin, Richter*in, Sozialarbeiter*in, Toxikolog*in, Schauspieler*in, Projektmanager*in, Forscher*in, Physiotherapeut*in, Personal Trainer*in, Datenanalyst*in, Umweltplaner*in, Schriftsteller*in, Musiker*in, Elektriker*in, Röntgentechniker*in, Technische/r Berater*, Mitarbeiter*in der Automobilindustrie, Luft- und Raumfahrtingenieur*in, Neurolog*in oder Hypnotherapeut*in.

Wassermann-Chef*innen sind Reformer*innen und Wegbereiter*innen und entwickeln gern neue Ansätze – ebenso offen begegnen sie innovativen Ideen anderer Mitarbeiter*innen. Sie sind eher verstandesbetont und emotional distanziert, sodass sie an ihrem Arbeitsplatz keine emotionalen Dramen erleben wollen. Da Wassermann-Geborene in ihrem Denken und Handeln selbst sehr eigenständig sind, arbeiten sie oft allein, statt ein Team zu leiten.

Wassermann-Mitarbeiter*innen haben eine Menge Freunde, pflegen aber nur wenige tiefe Freundschaften. Sie scharen ihre Teams um sich. Sie wirken manchmal abwesend und sind recht vergesslich, wenn es um Alltägliches geht, da sie in Gedanken ständig damit beschäftigt sind, wie Dinge im größeren Zusammenhang funktionieren. Trotzdem sind sie gewissenhaft, loyal und originell.

Wassermann-Kolleg*innen sind interessante Mitmenschen und auf einer intellektuellen Ebene an anderen interessiert. Sie schätzen auf ihre typische freundliche Weise den gedanklichen Austausch. Dabei könnten sie versuchen, andere für ihr neuestes humanitäres Projekt zu gewinnen. Sie sind mitfühlend, aber statt andere zu bemitleiden, handeln sie lieber.

Berühmte Wassermann-Persönlichkeiten:
Alicia Keys, Alice Walker, Justin Timberlake, Harry Styles, Michael Jordan

FISCHE IM BERUF

Fische-Geborene sind die Träumer*innen und kreativen Menschen des Tierkreises. Für sie eignen sich Berufe, in denen sie intuitiv und kreativ arbeiten und jederzeit die Richtung ändern können, wenn es sich für sie richtig anfühlt. Die Welt der Unternehmen ist eher nichts für sie, es sei denn, sie haben eine kreative Aufgabe. Das wirtschaftliche Business gehört nicht zu ihren Stärken.

Sie eignen sich vielmehr für folgende Aufgaben: mediale und beratende Berufe, Künstler*in, Innenarchitekt*in, Sozialarbeiter*in, Mitarbeiter*in von Non-Profit-Organisationen, Krankenschwester bzw. Krankenpfleger, Physiotherapeut*in, Regisseur*in, Musiker*in, Gesundheitspädagog*in, Fotograf*in, Energieheiler*in, Hausmeister*in, Pharmakolog*in, Schriftsteller*in, Podologe bzw. Podologin, Anästhesist*in, Werbeberater*in, Physiker*in, Gefängnisaufseher*in, Poet*in, Schauspieler*in, Personalvermittler*in oder Taucher*in.

Fische-Chef*innen sind eher weich, sanft und nicht sehr gut in der Führung oder im Erteilen von Anweisungen. Am ehesten findet man sie in der Werbebranche. Doch sie funktionieren sehr gut, wenn ihr Team von ihren Visionen und intuitiven Erkenntnissen überzeugt ist. Energische Mitarbeiter*innen stellen jedoch eine Herausforderung für sie dar.

Fische-Mitarbeiter*innen brauchen eine Aufgabe, die in Resonanz ist mit ihrer sensiblen Seele. Ein lautes, forderndes und hektisches Umfeld belastet sie. In einer ruhigen Umgebung erledigen sie ihre Aufgaben höchst pflichtbewusst. Da Fische von Natur aus empathisch sind, eignen sie sich am besten für kleine Teams und sollten sich vor den Emotionen ihrer Mitmenschen schützen.

Berühmte Fische-Persönlichkeiten:
Rihanna, Elliot Page, Wanda Sykes, Jon Hamm, Trevor Noah, George Harrison, Steve Jobs

12. KAPITEL

Die Tierkreiszeichen und die Liebe

IN DIESEM KAPITEL betrachten wir, welche Tierkreiszeichen am besten zueinander passen. Natürlich gibt es viele weitere Einflüsse und Faktoren im Horoskop eines Menschen, die ebenfalls Einfluss darauf nehmen, doch die folgende Analyse ist ein allgemeiner Leitfaden und Überblick, wie die einzelnen Sonnenzeichen in Bezug auf die Liebe agieren. Falls du eine detaillierte Analyse haben möchtest, die über die Sonnenzeichen hinausgeht, solltest du dein Geburtshoroskop erstellen, so wie ich es in Teil II erläutert habe. Im Folgenden möchte ich dir ein besseres Verständnis vermitteln für die Stärken der einzelnen Zeichen, für ihre einzigartigen Persönlichkeiten und ihre Kompatibilität. Alle Planeten, die Stellungen der Häuser und die Aspekte zwischen zwei Horoskopen liefern uns detaillierte und präzise Hinweise, wer gut miteinander harmoniert.

Bitte beachte, dass es keine »guten« oder »schlechten« Paarungen gibt. Jeder Mensch und jedes Zeichen sind äußerst vielschichtig, und eine Kombination, von der vielleicht in Astrologiebüchern oder Artikeln abgeraten wird, kann in Wirklichkeit hervorragend funktionieren, zum Beispiel aufgrund der Verbindung von Venus und Mars.

Betrachte den folgenden Text deshalb als allgemein gehaltene Orientierung und denke »über den Tellerrand« hinaus, indem du die Beschreibung eines Zeichens zum Beispiel auf die Venus einer Person anwendest. Für eine tiefergehende Analyse solltest du auch das Zeichen des Deszendenten, die Stellungen der Häuser und die Aspekte zwischen den Horoskopen berücksichtigen. Wir sind alle komplexe Wesen, und die Sonnenzeichen geben uns nur Aufschluss über einen Teil unserer Geschichte.

DER WIDDER IN DER LIEBE

Der Widder-Mensch ist in der Liebe mutig, direkt und freimütig und will die Person, die er begehrt, mit Leidenschaft erobern. Bei einem Widder weiß man wegen seines offenen Wesens immer, woran man ist. Oft geht der Wunsch nach einer Beziehung vom Widder aus. Seine Lebensfreude macht den Widder sehr anziehend, kann aber auf sanftere Zeichen ein wenig überfordernd und scheinbar aggressiv wirken. Probleme löst ein Widder sofort und ohne Umschweife.

Paarbeziehungen mit anderen Zeichen:

- Widder und Widder bilden eine feurige Kombination, die extrem leidenschaftlich ist. Beide sind sehr eigenständig und konkurrenzorientiert, was zu lebhaften und manchmal explosiven Kämpfen führen kann, die aber beiden Partnern durchaus Spaß machen.
- Widder und Stier sind eine Kombination aus Dynamik und Leidenschaftlichkeit einerseits sowie Behäbigkeit und Sinnlichkeit andererseits. Der Widder treibt den Stier an, während der Stier beruhigend auf den impulsiven Widder einwirkt.
- Widder und Zwillinge bilden ein gutes Team, wobei der Widder die Führung übernimmt und der oder die Zwilling-Geborene die Ideen liefert, die durch das Feuer des Widders verstärkt werden. Diese beiden haben viel Spaß miteinander.
- Widder und Krebs sind ein großartiges Team, bei dem der Widder alle Aktionen in der Außenwelt übernimmt, während der Krebs zu Hause den Herd hütet.
- Widder und Löwe sind eine weitere feurige Verbindung, die viel Spaß, aber manchmal auch explosive Kämpfe mit sich bringt. Der Widder hat die Rolle des Impulsgebers und der Löwe setzt den Plan in die Tat um.
- Widder und Jungfrau sind eine Mischung aus Impulsivität und Beständigkeit. Der Widder sorgt für Action, um die Jungfrau in Schwung zu bringen, und die Jungfrau lässt Geduld und Sachlichkeit walten, um den Widder zu erden.
- In einer Paarung aus Widder und Waage bringt der Widder seine Aktivität und Eigenständigkeit ein, die Waage ihr Verhandlungsgeschick und ihre Teamfähigkeit. Solange der Widder sich kompromissbereit zeigt und die Waage dem Widder immer wieder mal die Führung überlässt, klappt es ganz prima mit den beiden.
- Widder und Skorpion bilden eine leidenschaftliche Kombination, bei der die Offenheit und Ehrlichkeit des Widders die eher verschlossene und hinterfragende Energie des Skorpions aufbricht.

- Die Verbindung von Widder und Schütze ist feurig und aufregend. Gelegentlich kommt es zu Problemen wegen des fehlenden Taktgefühls des Schützen und dem Drang des Widders, den Ton anzugeben.
- Widder und Steinbock können eine glückliche Verbindung eingehen, wenn die jeweiligen Bedürfnisse der beiden Partner*innen nach Unabhängigkeit und Leistung respektiert werden und keiner versucht, den anderen zu kontrollieren.
- Widder und Wassermann sind ein weiteres dynamisches und impulsives Paar, und beide verbindet wahrscheinlich ihre Freude am schwarzen Humor.
- Eine Verbindung aus Widder und Fische kann gelingen, wenn der Widder sich der Sensibilität des Fischs bewusst ist und lernt, Kompromisse einzugehen. Fische sind sehr loyal und harmonieren gut mit der Spontaneität des Widders.

DER STIER IN DER LIEBE

Der Stier-Mensch ist treu und beständig, braucht aber viel Zeit, um eine Bindung einzugehen. Hat er sich jedoch einmal festgelegt, kann man absolut sicher sein, dass er es ernst meint. Der Stier hat einen ausgeprägten Sinn für familiäre Loyalität und finanzielle Stabilität und bleibt der Person, die er wählt, absolut treu. Wird er verletzt, fällt es ihm schwer, zu verzeihen.

Paarbeziehungen mit anderen Zeichen:

- Stier und Stier sind beide loyal und bodenständig, genießen den Komfort eines gemeinsamen Zuhauses und sind bereit, dafür hart zu arbeiten.
- Stier und Zwillinge sind eine Paarung, die Kompromissbereitschaft verlangt: Der Stier sollte etwas weniger dickköpfig und kontaktfreudiger sein, während das Zeichen Zwillinge etwas mehr Geduld aufbringen und sich ein wenig zurücknehmen sollte.
- Stier und Krebs sind beide loyal und liebevoll und schaffen gemeinsam ein wunderbares Zuhause, in dem sie die emotionalen Bedürfnisse des jeweils anderen erfüllen.
- Die Beziehung zwischen Stier und Löwe ist herausfordernd, da der Löwe leidenschaftlich ist und ganz im Jetzt lebt, während der Stier pragmatisch und ausdauernd ist und für langfristige Stabilität steht. Wenn sie kompromissbereit sind, können sie natürlich auch all das haben.
- Stier und Jungfrau ergänzen sich gut, denn sie sind beide pragmatisch und verantwortungsbewusst. Die Jungfrau bringt eine Prise Humor mit, der Stier mehr Sinnlichkeit.

- Stier und Waage werden von der Venus regiert – sie sind beide romantisch und lieben den Luxus. Kann der Stier das Bedürfnis der Waage nach Geselligkeit und kokettem Auftreten verstehen, und akzeptiert die Waage das Bedürfnis des Stiers nach Stabilität, bilden sie ein glückliches Paar.
- Für die Verbindung von Stier und Skorpion gilt der Spruch: Gegensätze ziehen sich an. Beide fördern die jeweils besten Seiten am anderen. Sie sind beide sehr leidenschaftlich und finanziell abgesichert.
- Stier und Schütze harmonieren gut, da der Stier dem manchmal flatterhaften Schützen Bodenhaftung und eine gewisse Routine vermittelt, während der Schütze Spontaneität und Fröhlichkeit in die Beziehung einbringt.
- Stier und Steinbock bilden eine erdverbundene und ausgesprochen pragmatische Kombination, wobei der Steinbock Ehrgeiz und Humor beisteuert, der Stier Standhaftigkeit und ein solides Zuhause.
- Stier und Wassermann müssen Unterschiede in ihrer Beziehung in Kauf nehmen, aber es kann funktionieren, wenn beide ähnliche Lebensauffassungen haben. Der Wassermann mag es, etwas zu bewegen und liebt intellektuelle Analysen, während der Stier eher praktische und handfeste Dinge bevorzugt, aber die Partnerschaft funktioniert, wenn beide kompromissbereit sind.
- Stier und Fische sind eine gute Verbindung, wobei der Stier bodenständig, praktisch und zuverlässig ist, während das Zeichen Fische eher idealistisch und mitfühlend veranlagt ist. Diese beiden können voneinander lernen, ohne sich ständig zu streiten.
- Die Verbindung von Stier und Widder kann anziehend oder abschreckend wirken. Der dynamische Widder drängt den Stier in die Aktion, während der Stier den stürmischen Widder zur Ruhe bringt.

ZWILLINGE IN DER LIEBE

Zwillinge sind lebhaft, gesellig, flirten gern und brauchen intellektuelle Impulse. Das geht so weit, dass sie ihre Partnerin beziehungsweise ihren Partner oft als beste Freund/in betrachten – was bedeutet, dass die Sexualität weniger wichtig für sie ist. Sie sind neugierig und fantastische Zuhörer, was ihre Mitmenschen in ihren Bann zieht.

Paarbeziehungen mit anderen Zeichen:

- Zwillinge und Zwillinge bilden ein Paar, das etwas vom praktischen Erdelement im Horoskop von mindestens einem der beiden braucht. Sie bilden eine lustige und stürmische intellektuelle Beziehung, die recht unbeständig sein kann, aber der Freundschaftsfaktor ist hoch.
- Zwillinge und Krebs sind definitiv auf einen Kompromiss zwischen Geselligkeit und Privatsphäre und zwischen Unbeschwertheit und Sensibilität angewiesen. Die Verbindung aus Neugier, Spaß und emotionaler Sicherheit lässt Achtsamkeit zu.
- Zwillinge und Löwe führen eine Partnerschaft, die Spaß, Zuneigung und wahrscheinlich auch viele Partys verspricht. Sie ergänzen sich insofern, als der Löwe eine gewisse Strukturiertheit mitbringt, das Zeichen Zwillinge dagegen mehr Flexibilität.
- Zwillinge und Jungfrau werden beide von Merkur regiert, und das bedeutet, dass die Zeichen anpassungsfähig sind und gut kommunizieren können. Jungfrau ist praktisch veranlagt, und die Zwillinge helfen der Jungfrau, auch mal Fünfe gerade sein zu lassen.

Nicht nur das Sonnenzeichen zählt

In meinem Überblick stütze ich mich in erster Linie auf die Sonnenzeichen, doch es gibt noch weitere Möglichkeiten, um herauszufinden, welche Zeichen gut miteinander harmonieren, zum Beispiel die Elemente.

Tagesenergien, also Feuer- und Luftzeichen, haben meist einen guten Zugang zueinander. Dies gilt für die Zeichen Widder, Zwillinge, Löwe, Waage, Schütze und Wassermann. Ihre Beziehungen sind meist lebhaft, gesellig und abwechslungsreich. Die größten Beziehungshindernisse liegen im praktischen Tun und in der emotionalen Bindung.

Die Nachtenergien, also Erd- und Wasserzeichen, zu denen Stier, Krebs, Jungfrau, Skorpion, Steinbock und Fische zählen, passen grundsätzlich gut zueinander. Sie führen stabile, produktive und beständige Beziehungen, wobei es aber manchmal an Abwechslung, Spontaneität und Spaß fehlt.

Dieses Prinzip lässt sich auch auf alle anderen Planetenverbindungen anwenden, ebenso wie auf die Aspekt-Konstellationen zwischen zwei Geburtshoroskopen.

- Zwillinge und Waage passen sehr gut zusammen. Das Paar wird wahrscheinlich viel unterwegs sein, neue Eindrücke sammeln und Menschen kennenlernen und ständig Ideen austauschen.
- Zwillinge und Skorpion bilden eine Mischung aus Tiefgründigkeit, Intimität, Leichtigkeit und Offenheit, die sehr viel gegenseitige Anpassung erfordert. Die Beziehung könnte aber funktionieren, wenn die Zwillinge dem Skorpion oft Zeit für sich selbst geben und der Skorpion gelegentlich etwas mehr Leichtigkeit entwickelt.
- Zwillinge und Schütze haben viel gemeinsam. Beide lieben es, intellektuell Neues zu entdecken und zu diskutieren, und beide haben einen großartigen Sinn für Humor. Es ist eine leichte und spielerische Beziehung.
- Zwillinge und Steinbock sollten sich gegenseitig mit Respekt und Verständnis begegnen, denn der Steinbock ist ernsthaft veranlagt, die Zwillinge aber eigentlich nicht. Eine Beziehung ist jedoch möglich, wenn das Zeichen Zwillinge dem Steinbock ein Gefühl der Leichtigkeit vermitteln kann, während der Steinbock der Beziehung wiederum die nötige Erdung verleiht.
- In Zwillinge und Wassermann begegnen sich zwei Zeichen, für die der Verstand im Vordergrund steht. Den beiden werden nie die Ideen oder Gesprächsthemen ausgehen. Beide Zeichen sind gesellig und lieben ihre Unabhängigkeit.
- Zwillinge und Fische müssen zusammen Kompromisse eingehen, da die Zwillinge gern ausgehen und in ihren Kontakten etwas flatterhaft erscheinen, während die Fische sehr gefühlsbetont, schüchtern und sensibel sind. Beide gehören aber zu den beweglichen Zeichen, sodass sie die Möglichkeit haben, auf die Bedürfnisse des Partners oder der Partnerin einzugehen.
- Zwillinge und Widder stehen für die Elemente Luft und Feuer, die sich hervorragend ergänzen. Da die Zwillinge die perfekten Nachahmer unter den Tierkreiszeichen sind, passen sie sich wahrscheinlich der Leidenschaftlichkeit des Widders an, während sein Feuer ihren Verstand anregt. Das verspricht eine Menge Spaß!
- Zwillinge und Stier bilden nicht gerade die einfachste Partnerschaft, aber das macht die Sache interessant. Für den Stier kann es schwierig sein, mit dem Zwilling Schritt zu halten, und der Zwilling wird sich manchmal wünschen, der Stier wäre geselliger und weniger eigensinnig, aber wenn beide Kompromisse eingehen können, wird dies eine gute Beziehung sein.

DER KREBS IN DER LIEBE

Bei den Krebs-Geborenen schlägt die Liebe schnell und heftig ein, wenn sie sich verlieben, und dann sind sie fürsorglich und höchst sensibel. Sie sind bereit, sich schnell zu binden und alles für den geliebten Menschen zu tun. Ihre hohe Sensibilität kann zu emotionaler Bedürftigkeit führen, wenn sie sich nicht ausreichend geliebt fühlen. Krebs-Partner*innen setzen sich für ihre Liebsten ein, deshalb sollten sie so liebevoll behandelt werden, wie sie es auch verdient haben.

Paarbeziehungen mit anderen Zeichen:

- Beziehungen zwischen Krebs und Krebs sind sehr liebevoll und zärtlich und sie sind sich treu. Jeder Krebs nimmt ganz intuitiv die Bedürfnisse des anderen wahr. Sie brauchen beide Sicherheit und sind manchmal launisch, aber jeder versteht das beim anderen, sodass es selten ein Problem darstellt.
- Krebs und Löwe bilden eine äußerst liebevolle und leidenschaftliche Kombination, vor allem, wenn der Krebs daran denkt, den Löwen mit Lob und Liebe zu überschütten, und wenn der Löwe etwaige Extravaganzen ein wenig zügeln kann.
- Krebs und Jungfrau sind ein sehr tolerantes, geerdetes und loyales Paar. Die beiden Zeichen verstehen sich sehr gut, und die bodenständige Jungfrau hat Geduld mit den Launen des Krebses. Beide Zeichen sind im Allgemeinen häuslich und in finanzieller Hinsicht konservativ.
- Paare aus Krebs und Waage haben Schwierigkeiten, wenn der Krebs das Bedürfnis der Waage, mit anderen Menschen zusammen zu sein, nicht versteht, und wenn die Waage sich nicht bemüht, die emotionalen Bedürfnisse des Krebses zu erfüllen. Wenn ihnen das gelingt, können sie beide neue Möglichkeiten des Miteinanders genießen.
- Krebs und Skorpion ergeben ein tiefgründiges und emotional erfülltes Paar mit einer intuitiven Verbindung zueinander. Skorpione brauchen zwar mehr Zeit für sich selbst als Krebse, aber das ist selten ein Problem.
- Krebs und Schütze können sich in der Partnerschaft schwertun, da der Schütze ein Freigeist ist und der Krebs Sicherheit braucht. Allerdings sind Schützen in der Regel sehr treu, wenn sie sich erst einmal verliebt haben, und allein das kann bedeuten, dass die Beziehung mithilfe von Kompromissen funktionieren wird.
- Die Beziehung zwischen Krebs und Steinbock ist gut, was Treue und Geborgenheit angeht, aber der Steinbock zeigt manchmal zu wenig Emotionen. Wenn er aber lernt, diese etwas mehr zuzulassen, kann das viel bewirken.

- Krebs und Wassermann haben unterschiedliche emotionale und geistige Bedürfnisse. Das könnte dazu führen, dass die Beziehung unbefriedigend ist, wenn nicht beide die Wünsche des jeweils anderen erkennen.
- Krebs und Fische passen wunderbar zusammen, denn sie haben eine fast übersinnliche Verbindung und sind beide fürsorglich und liebevoll veranlagt. Der Krebs kann besser mit Geld umgehen, und die beiden werden es lieben, zu Hause in ihrer eigenen Welt zusammen zu sein.
- Krebs und Widder bilden ein gutes Gespann, wenn sich der Widder auf die Außenwelt und der Krebs mehr auf das Zuhause und die Familie konzentriert. Die Paarbeziehung wird noch glücklicher, wenn sich der Widder Zeit für die Beziehung nimmt und seine Zuneigung zum Ausdruck bringt.
- Auch Krebs und Stier sind ein treues und liebevolles Paar, und beide sind auf Haus, Familie und finanzielle Sicherheit bedacht. Sie erfüllen sich gegenseitig ihre Bedürfnisse auf befriedigende Weise.
- Krebs und Zwillinge passen gut zusammen, wenn der Krebs die unbeschwerte, lustige und kokette Art der Zwillinge akzeptieren kann und die Zwillinge ihre fröhliche Aufmerksamkeit öfter auf ihre Partnerin beziehungsweise ihren Partner richten als auf andere.

DER LÖWE IN DER LIEBE

Löwen sind anregend und aufgeschlossen, solange sie sich im Gegenzug geliebt fühlen. Sie sind wunderbar fürsorgliche Partner*innen und gute Eltern. Gerade wegen ihrer Großherzigkeit sind sie leicht zu verletzen, wenn sie nicht mit jemandem zusammen sind, der sie mit Liebe und Aufmerksamkeit überschüttet.

Paarbeziehungen mit anderen Zeichen:

- Löwe und Löwe sind ein schönes Paar, solange keiner versucht, über den anderen zu herrschen, und sie sich gegenseitig viel Liebe, Komplimente und Aufmerksamkeit schenken. Dann ist dies eine wirklich glückliche Verbindung.
- Löwe und Jungfrau könnten gut zusammenpassen, und zwar mit einer Mischung aus der Lebenslust des Löwen und der Stabilität der Jungfrau, vorausgesetzt, die analytisch veranlagte Jungfrau wird ein wenig lockerer und der Löwe versucht nicht, sie zu dominieren.

- Löwe und Waage bilden in der Regel ein attraktives und charmantes Paar, das ein geselliges Leben miteinander teilt. Wenn sie sich gegenseitig genug Aufmerksamkeit schenken, werden sie lange miteinander glücklich sein.
- Löwe und Skorpion sind zwei dickköpfige und kraftvolle Zeichen, die beide gern einen ordentlich leidenschaftlichen Krach austragen. Obwohl es dabei recht heftig zugehen kann, funktioniert die Beziehung überraschenderweise sehr gut, denn beide sind treu.
- Löwe und Schütze ergeben eine sehr unterhaltsame und energiegeladene Partnerschaft mit einer Prise Drama. Der Schütze sollte seine scharfe Zunge zügeln, um den Stolz des Löwen nicht zu verletzen, aber insgesamt passen die beiden gut zusammen.
- Löwe und Steinbock können ein gutes Team abgeben, das mit der Zeit an Kraft gewinnt. Ihre Stärken halten sich die Waage, und sie können sich gegenseitig inspirieren, um gemeinsame Ziele zu erreichen.
- Löwe und Wassermann sind eine weitere lebendige und aufregende Partnerschaft. Der Löwe braucht jedoch viel Aufmerksamkeit, und der Wassermann ist oft ein wenig zu distanziert und in Gedanken, um ihm genug davon zu geben. Wenn der Wassermann lernt, Komplimente zu machen, dann wird die Beziehung gut funktionieren.
- Auch Löwe und Fische könnten eine gute Beziehung miteinander eingehen, wenn der Löwe den sensiblen Fische-Geborenen gütig und fürsorglich behandelt, statt von ihm zu erwarten, dass er für sich selbst einsteht.
- Löwe und Widder führen eine wirklich gute, aber feurige Partnerschaft und können sich heftig streiten, aber sie lachen auch viel zusammen. Die Direktheit des Widders könnte das liebevolle Herz des Löwen manchmal verletzen.
- Löwe und Stier ergeben ein wunderbares Paar, wenn die beiden einen Kompromiss finden zwischen dem Bedürfnis des Stiers nach Stabilität und einem sicheren Zuhause und der aufgeschlossenen und risikofreudigen Natur des Löwen.
- Löwe und Zwilling erleben gemeinsam eine spannende und lebhafte Partnerschaft. Beide sind recht dynamisch, wagemutig und kontaktfreudig und sie flirten gern. Doch die Zwillinge müssen darauf achten, dass sie dem Löwen ebenfalls ihre Aufmerksamkeit schenken, damit dessen Stolz nicht verletzt wird.
- Die Beziehung zwischen Löwe und Krebs ist glücklich, wenn der Krebs den Löwen weniger kritisiert und mehr bestärkt. Diese Liebe und Wertschätzung gibt der Löwe in gleichem Maß zurück.

DIE JUNGFRAU IN DER LIEBE

Die Jungfrau ist die intellektuellste Partnerin des Tierkreises; sie geht die Liebe vorsichtig und behutsam an. Sie wünscht sich eine Partnerschaft, in der sie anspruchsvolle Gespräche führen kann, und fühlt sich zu einem kontaktfreudigen und offenen Partner hingezogen, der den ersten Schritt macht. Sie schätzt Verbindlichkeit und zeigt ihre Zuneigung eher durch Taten als durch blumige Worte oder Berührungen.

Paarbeziehungen mit anderen Zeichen:

- Jungfrau und Jungfrau könnten gut zusammenpassen, wenn beide versprechen, regelmäßig ihre Arbeit zugunsten der Beziehung zurückzustellen. Die beiden stimmen in dieser Hinsicht derart überein, dass es ohne eine solche Vereinbarung zu einer Art »Arbeitsbeziehung« ohne Spaß kommen könnte.
- Jungfrau und Waage können einen guten Mix aus Ernsthaftigkeit und Leichtlebigkeit darstellen, wenn sie sich gegenseitig in ihren jeweils unterschiedlichen Denkweisen respektieren. Zum Glück ist Kommunikation eine Fähigkeit, die beide hervorragend beherrschen, weshalb es hilfreich sein dürfte, Meinungsverschiedenheiten auszudiskutieren.
- Jungfrau und Skorpion harmonieren gut miteinander, wenn die Jungfrau nicht versucht, den gefühlsbetonten Skorpion logisch zu analysieren, und akzeptiert, dass er ein tief verwurzeltes und in sich ruhendes Selbstvertrauen hat; er verbringt längere Zeit schweigend, wenn er sich bei jemandem wohlfühlt.
- In der Verbindung von Jungfrau und Schütze treffen sich zwei Intellektuelle, auch wenn sie aus ganz unterschiedlichen Richtungen kommen. Die Jungfrau ist eher introvertiert und zurückhaltend, während der Schütze kontaktfreudig und unbekümmert auftritt. Wenn sich die beiden in der Mitte treffen können, wird diese Beziehung funktionieren.
- Jungfrau und Steinbock sind beide Erdzeichen und passen sehr gut zueinander. Sie verstehen und ergänzen sich bestens.
- Jungfrau und Wassermann werden sich gegenseitig intellektuell schätzen, aber die Jungfrau könnte mit der unpraktischen Art des Wassermanns zu kämpfen haben. Doch die Verbindung aus Ideenreichtum und Pragmatismus könnte gut funktionieren.
- Jungfrau und Fische stellen eine schwierige Mischung aus Pragmatismus und idealistischer Träumerei dar, die nur dann funktioniert, wenn die beiden kompromissbereit sind und das Zeichen Fische versucht, etwas weniger empfindlich zu sein, und die Jungfrau mehr Sensibilität entwickelt.

- Jungfrau und Widder harmonieren, wenn die Jungfrau dem Widder die Führung überlässt und der Widder der Jungfrau die praktischen Details. Er sollte begreifen, dass ihr die Beschäftigung damit einfach Spaß macht, und nicht versuchen, dabei die Kontrolle zu übernehmen.
- Jungfrau und Stier teilen miteinander den Sinn für Verantwortung und den Wunsch, produktiv und zuverlässig zu sein, was zu einer meist stabilen und harmonischen Beziehung führen kann, in die der Stier mehr Sinnlichkeit und die Jungfrau Sinn für Humor mitbringt.
- Jungfrau und Zwillinge sind ein Paar mit hoher intellektueller Übereinstimmung, wobei die Jungfrau eher praktisch veranlagt ist und das Zeichen Zwillinge eher gesellig und manchmal etwas leichtfertig. Diesen beiden wird es immer helfen, über alles zu reden.
- Jungfrau und Krebs sind ein sehr kompatibles Paar, da beide eher introvertiert und loyal sind. Sie kommen in der Regel sehr gut miteinander aus und verstehen den anderen intuitiv.
- Jungfrau und Löwe können gut miteinander auskommen, wenn die Jungfrau sich bemüht, den Stolz des Löwen nicht durch Kritik zu verletzen, und der Löwe nicht zu dominant ist.

DIE WAAGE IN DER LIEBE

Waagen lieben es, zu lieben und verliebt zu sein. Sie sind sehr herzlich und liebevoll, und sie möchten dasselbe im Gegenzug erfahren. Sie sind jedoch ziemlich wählerisch, mit wem sie eine Beziehung eingehen, und fühlen sich nicht wohl mit Partnern, die unsicher auftreten oder optisch nicht attraktiv sind.

Paarbeziehungen mit anderen Zeichen:

- Waage und Waage sind eine gut aufeinander abgestimmte Kombination, der es manchmal ein wenig an Leidenschaft fehlt, weil die Beziehung so harmonisch ist und auf geistiger Übereinstimmung beruht.
- Waage und Skorpion fühlen sich anfangs sehr zueinander hingezogen, aber die emotionale Tiefe des Skorpions und die Geselligkeit der Waage können in einer langfristigen Beziehung zu Konflikten führen. Die beiden können sich gegenseitig manchmal ein Rätsel sein, aber Kommunikation kann die Kluft überbrücken.

- Waage und Schütze bilden eine fröhliche und optimistische Partnerschaft, denn sie haben einen ähnlichen Sinn für Humor, was dazu beiträgt, Unterschiede zu überwinden, wie etwa die scharfe Zunge des Schützen im Gegensatz zur Diplomatie der Waage.
- Waage und Steinbock sind ein stabiles Paar, wobei sich der Steinbock in erster Linie auf die Arbeit und die Waage auf die Beziehung konzentriert, was sich gegenseitig gut ergänzt.
- Waage und Wassermann passen gut zusammen, denn sie haben viele Gemeinsamkeiten und führen eine sehr freundschaftliche Partnerschaft.
- Waage und Fische haben eine kreative und idealistische Partnerschaft, der es aber an der emotionalen Verbindung fehlen kann, welche die Fische brauchen. Wenn sich das ändern lässt, kann die Beziehung gut funktionieren.
- Waage und Widder sind gegensätzliche Zeichen mit sehr unterschiedlichen Sichtweisen, wobei bei der Waage Teamarbeit im Vordergrund steht und der Widder ein Individualist ist. Wenn der Widder sich kompromissbereit zeigt und die Waage dem Widder ab und zu die Führung überlässt, wird die Beziehung glücklich sein.
- Waage und Stier werden beide von der Venus regiert. Sie haben die Liebe zur Harmonie und zum Luxus gemeinsam. Beide schätzen Loyalität, und die Beziehung steht auf einem guten Fundament, wenn die Waage den Pessimismus des Stiers tolerieren kann und dieser versteht, dass das kokette Wesen der Waage angeboren ist.
- Waage und Zwillinge passen hervorragend zusammen, nur ihrer beider Unentschlossenheit ist gelegentlich ein Problem. Sie lieben es, sich zu unterhalten und in Gesellschaft zu sein, sodass sie viel Spaß miteinander haben.
- Waage und Krebs haben gemeinsam einige Herausforderungen zu meistern: Der Krebs braucht emotionale Nähe, während die Waage lockerer ist und mehr soziale Interaktion benötigt. Ihre gegenseitige Verbundenheit kann ihnen dabei helfen, gute Kompromisse zu finden.
- Waage und Löwe stellen eine charmante Partnerschaft dar, denn beide sind liebevoll, fröhlich und gesellig – es besteht allerdings die Gefahr, dass sie ein wenig zu viel Spaß haben, wenn sie gemeinsam Geld ausgeben.
- Waage und Jungfrau scheinen oft im Widerspruch zueinander zu stehen, denn die Waage ist entspannt, sorglos und gesellig, während die Jungfrau produktiv, ernsthaft und zurückhaltend auftritt, aber in Wirklichkeit ergänzen sie sich und arbeiten in einer Partnerschaft zusammen.

DER SKORPION IN DER LIEBE

Die Liebe des Skorpions ist intensiv und fast zwanghaft, denn er investiert alles in eine Beziehung, ist hingebungsvoll und loyal und sehnt sich nach tiefer Vertrautheit. Trotz dieses Bedürfnisses nach Intimität braucht er auch Zeit für sich selbst, und seine Gefühle gehen so tief, dass es ihm schwerfällt, sie zu zeigen.

Paarbeziehungen mit anderen Zeichen:

- Skorpion und Skorpion sind ein unglaublich kraftvolles, intensives und dramatisches Paar, welches das Beste oder das Schlimmste im anderen hervorbringen kann, oder beides zugleich zu verschiedenen Zeiten. Wenn die beiden gut zusammenpassen, werden sie ihr ganzes Leben lang zusammenbleiben.
- Skorpion und Schütze sind diametral unterschiedlich und müssen daran arbeiten, die anfängliche starke Anziehungskraft auf Dauer zu erhalten, wobei der Skorpion seine verschlossene und ernste Seite zurücknehmen und der Schütze diese entwickeln muss.
- Skorpion und Steinbock passen gut zueinander, denn beide sind fleißig und zurückhaltend und legen Wert auf Sicherheit. Jeder von ihnen bringt Stärken in die Beziehung ein, die sich ergänzen.
- Skorpion und Wassermann sind trotz ihrer starken Anziehungskraft nicht immer für langfristige oder harmonische Beziehungen ohne viele Kompromisse bestimmt. Die Intensität des Skorpions und die Abgeklärtheit des Wassermanns können zu Konflikten führen, aber wenn es gelingt, die Differenzen zu überbrücken, kann auch die Partnerschaft gelingen.
- Skorpion und Fische gehen eine treue und emotional verbundene Partnerschaft ein, auch wenn Fische die Streitlust des Skorpions nicht immer mögen. Beide sind spirituell und romantisch veranlagt und lassen sich bereitwillig auf die andere Person ein.
- Sowohl Skorpion als auch Widder wollen die Kontrolle haben, aber es herrscht große Leidenschaft zwischen den beiden. Beide genießen wahrscheinlich diese Intensität, und mit ein wenig Kommunikation kann die Beziehung gelingen.
- Skorpion und Stier sind in vielerlei Hinsicht perfekt füreinander, da der gelassenere Charakter des Stiers die Leidenschaftlichkeit des Skorpions ausgleicht. Beide haben ähnliche Werte.
- Skorpion und Zwillinge ergeben eine interessante Mischung von Energien, wobei der Skorpion tiefgründig ist und der Zwilling die Dinge gern leichtnimmt. Beide können so fasziniert voneinander sein, dass sie immer wieder nach Möglichkeiten des Miteinanders suchen, und das gelingt ihnen oft.

- Skorpion und Krebs sind beide sehr gefühlsbetont, sensibel und auch besitzergreifend, was in diesem Fall sogar von Vorteil ist, da sich beide in dieser Beziehung sicher fühlen.
- Skorpion und Löwe können eine sehr leidenschaftliche und dramatische Beziehung führen, aber es wird ihnen schwerfallen, miteinander zu kommunizieren, ohne sich sofort zu streiten. Beide werden jedoch oft Spaß an diesem hochintensiven Spiel haben, und das wird auch ihr gegenseitiges Interesse beleben.
- Skorpion und Jungfrau ergänzen sich gut und harmonieren miteinander. Beide genießen es, Zeit für sich allein zu haben, und sie können recht schnell gegenseitiges Vertrauen aufbauen.
- Skorpion und Waage sprechen und leben aneinander vorbei, fühlen sich aber trotzdem zueinander hingezogen. Die Zurückgezogenheit und Intensität des Skorpions verwirrt die unbeschwerte Waage, und die Kontaktfreudigkeit der Waage bringt die Besitzansprüche des Skorpions zum Vorschein, aber durch Kommunikation und Kompromisse können sie sich helfen.

DER SCHÜTZE IN DER LIEBE

Der Schütze ist sehr energiegeladen und voller Tatendrang und Lebensfreude. Dem Schützen wird oft nachgesagt, dass er sich sehr zögerlich bindet, aber das liegt nur daran, dass er auf der Suche nach jemandem ist, der sein Interesse wachhält. Wenn er sich verliebt hat, ist er in der Regel sehr treu. Am meisten fühlt er sich zu Menschen mit Ehrgeiz und Tatkraft hingezogen.

Paarbeziehungen mit anderen Zeichen:

- Schütze und Schütze bilden eine unterhaltsame, leidenschaftliche und entdeckungsfreudige Partnerschaft. Sie lieben Reisen und neue Erfahrungen zu machen, und dies tun sie mit Begeisterung. Die praktischen Dinge und die emotionale Verbundenheit können allerdings einige Probleme verursachen.
- Schütze und Steinbock passen gut zusammen, weil die praktische Einstellung des Steinbocks die Maßlosigkeit des Schützen dämpfen kann, während der Schütze den Ehrgeiz des Steinbocks zu schätzen weiß.
- Schütze und Wassermann ergeben eine ideenreiche Kombination, denn beide sind zielorientiert und bereit, neue Wegen zu beschreiten. Eine interessante Partnerschaft!
- Bei Schütze und Fische ist zwar eine gewisse Anziehung vorhanden, doch hier sind zahlreiche Kompromisse erforderlich. Es braucht ein Gleichgewicht zwischen der

Übereinstimmung nach Aspekten

Bei Beziehungen sollten die Aspekte zwischen allen Planeten und Achsen der beiden Horoskope berücksichtigt werden, nicht nur die zur Sonne.
Die folgende Deutung der wichtigsten Aspekte ist allgemein gehalten – bitte denk daran, dass es dabei nicht um »gut« oder »schlecht« geht, denn diejenigen, die uns in einer Beziehung vor sinnvolle Herausforderungen stellen, können dadurch auch unsere weitere Entwicklung beschleunigen.

- Planeten in benachbarten Zeichen können sich gegenseitig nur schwer »sehen«, da sie sich durch Tag und Nacht, Element und Modalität unterscheiden.
- Planeten in Zeichen, die im Sextil zueinander stehen, sind harmonisch, da sie die Tages- oder Nachtenergie teilen.
- Planeten in Zeichen, die im Quadrat zueinander stehen, bilden eine größere Herausforderung, da sie immer Tag- und Nachtenergie haben, obwohl sie eine Modalität gemeinsam haben.
- Planeten in Zeichen, die im Trigon zueinander stehen, sind harmonisch, da sie dasselbe Element und dieselbe Tag- oder Nachtenergie haben.
- Planeten in Zeichen, die in Konjunktion miteinander stehen, stellen eine größere Herausforderung dar, weil sie unterschiedliche Energien haben und weniger in Element und Modalität harmonieren können.
- Planeten in einander gegenüberstehenden Zeichen (Opposition) haben dieselbe Modalität und sind beide Tag- oder Nachtenergien, allerdings sind sie vom Element her etwas weniger kompatibel, obwohl sie ihre unterschiedlichen Stärken ergänzen können.

kontaktfreudigen, spontanen Schütze-Energie und der zurückhaltenden und schüchternen Fische-Energie, doch mit der Zeit kann diese Beziehung gelingen.

- Schütze und Widder haben viele Gemeinsamkeiten, und sie entwickeln sich zu einem energiegeladenen Team, das gemeinsame Aktivitäten schätzt. Sie sind sehr abenteuerlustig und aufgrund der Unverblümtheit des Schützen und dem Bedürfnis des Widders, immer die Führung zu übernehmen, etwas sprunghaft, aber insgesamt passen sie gut zusammen.
- Schütze und Stier haben einige Schwierigkeiten zu überwinden, da Passivität und Beständigkeit des Stiers den energischen Schützen frustrieren können. Der Stier

verleiht dem manchmal flatterhaften Schützen jedoch Bodenhaftung und Kontinuität, und der Schütze bringt etwas Spontaneität und Optimismus in die Beziehung ein.

- Schütze und Zwillinge ist eine sehr vergnügliche Kombination, auch wenn sie etwas unbeständig sein kann, da beide Zeichen die Abwechslung lieben. Beide befassen sich gern intellektuell mit Themen und debattieren darüber, und sie haben einen großartigen Sinn für Humor. Es ist eine leichte und fröhliche Beziehung.
- Schütze und Krebs haben es nicht leicht miteinander, denn der Krebs ist sensibel und emotional, während der Schütze direkt und ziemlich unsensibel, dafür aber lustig ist. Beide sind jedoch recht willensstark, und wenn gegenseitige Anziehung vorhanden ist, findet sich ein Weg zueinander.
- Schütze und Löwe bilden ein wildes, leidenschaftliches und lustiges Paar, mit dem Potenzial, ein Leben lang zusammenzubleiben, besonders wenn der Schütze seine schonungslose Ehrlichkeit zügeln kann, die den Stolz des Löwen verletzen könnte.
- Schütze und Jungfrau ist eine ungewöhnliche Verbindung aus intellektueller Übereinstimmung und emotionaler Gegensätzlichkeit, denn die Jungfrau ist eher zurückhaltend und introvertiert, während der Schütze kontaktfreudig auftritt. Diese Verbindung kann sich mit der Zeit noch verbessern.
- Schütze und Waage sind ein Paar mit viel Lebensfreude und gesellschaftlichem Trubel. Wenn die Waage sich damit abfinden kann, dass der Schütze sich wenig um Äußerlichkeiten kümmert, wird das gut funktionieren.
- Schütze und Skorpion könnten Probleme haben, denn der Schütze liebt die Freiheit und besitzt nicht die emotionale Intensität des Skorpions. Die beiden werden sich jedoch gegenseitig so faszinierend finden, dass die Differenzen mit der Zeit überwunden werden können.

DER STEINBOCK IN DER LIEBE

Der Steinbock verliebt sich nur langsam und zieht es vor, gut befreundet zu sein – aber wenn die Dinge sich erst einmal entwickelt haben, bleibt er dran und ist entschlossen, ein gemeinsames Leben aufzubauen. Steinbock-Geborene brauchen wirklich eine Person, die ihr Bemühen um eine sichere finanzielle Grundlage und in der Regel auch um eine Karriere versteht. Sie wirken emotional etwas unterkühlt, besonders zu Beginn einer Beziehung.

Paarbeziehungen mit anderen Zeichen:

- Steinbock und Steinbock passen sehr gut zusammen, denn sie verbindet ihr Ehrgeiz, eine ähnliche Arbeitsmoral und ein zurückhaltendes Wesen. Das hat Potenzial für eine stabile und lang anhaltende Beziehung.
- Steinbock und Wassermann könnten auf Schwierigkeiten stoßen, denn der Steinbock mag feste Ziele und Pläne, während der Wassermann sehr freigeistig ist und langfristige Ziele bevorzugt, aber ohne einen genauen Plan, wie man sie erreicht. Beide Zeichen sind jedoch sehr zielstrebig, und das kann helfen, Kompromisse zu schließen.
- Die Verbindung von Steinbock und Fische ergibt eine gut aufeinander abgestimmte Partnerschaft, da der Steinbock seinen Pragmatismus und das Zeichen Fische kreative und emotionale Unterstützung einbringen.
- Steinbock und Widder sind nicht die einfachste Kombination, denn der Steinbock ist ein ausdauernder Planer und liebt Beständigkeit, während der Widder dynamische Aktionen bevorzugt und sehr impulsiv ist. Aber wenn keines der beiden Zeichen versucht, das andere zu kontrollieren, kann das Paar sehr glücklich werden.
- Steinbock und Stier passen hervorragend zusammen, da sie in den meisten Bereichen des Lebens die gleichen Werte vertreten und der Ehrgeiz des Steinbocks und die häuslichen Neigungen des Stiers gut zusammenpassen. Diese beiden sind sehr kompatibel.
- Steinbock und Zwilling bilden zusammen einen Mix aus Zurückhaltung und Stabilität einerseits und lockerer Kontaktfreudigkeit andererseits, was zu Differenzen führen kann. Unter der Voraussetzung, dass sie ohne gegenseitige Vorwürfe voneinander lernen, können sie sich mit Respekt und Akzeptanz aufeinander zubewegen.
- Steinbock und Krebs haben sehr unterschiedliche Eigenschaften, das macht es nicht einfach. Ihre Partnerschaft kann sehr loyal sein, und sie haben beide das Bedürfnis nach Sicherheit und einem stabilen Zuhause. Aber der Krebs braucht viel Zuneigung, und der Steinbock muss sich bewusst dafür entscheiden, sie ihm auch zu zeigen. Der Schlüssel ist, einen Mittelweg zu finden.
- Steinbock und Löwe sind beide eigensinnig. Fühlen sie sich zueinander hingezogen, sollten sie daran arbeiten, die Zurückhaltung und den Pessimismus des Steinbocks mit der Kontaktfreude und dem Optimismus des Löwen zu vereinen und voneinander zu lernen.
- Steinbock und Jungfrau sind ein sehr bodenständiges und zurückhaltendes Paar mit vielen Übereinstimmungen. Beide mögen Stabilität und arbeiten gern und viel.
- Steinbock und Waage bilden eine Partnerschaft mit unterschiedlichen Einstellungen: Der Steinbock ist stabil, ausdauernd und sparsam, die Waage dagegen extrovertiert und verschwenderisch. Diese Gegensätze sind aber überbrückbar.

- Steinbock und Skorpion ergänzen sich, denn jeder fördert das Beste am anderen zutage. Beide haben ähnliche Arbeitsweisen und Ziele, die gut zusammenpassen.
- Die Partnerschaft von Steinbock und Schütze ist geprägt von unterschiedlichen Lebenseinstellungen: Der Steinbock ist vorsichtig, während das Zeichen Schütze vorschnell handelt. Doch diese Gegensätze können sich sehr gut ergänzen.

DER WASSERMANN IN DER LIEBE

Der Wassermann ist zwar sehr aufmerksam und liebevoll, aber es dauert eine Weile, bis er sich auf eine Beziehung einlässt. Er ist sehr intellektuell und möchte lange Gespräche über weitreichende Ideen führen. Sein angeborenes Selbstvertrauen wirkt sehr anziehend auf andere.

Paarbeziehungen mit anderen Zeichen:

- Wassermann und Wassermann sind zusammen so verkopft und emotional distanziert, dass die Beziehung wenig seelische Tiefe hat. Es kann aber auch sein, dass sie sich mit einer eher freundschaftlichen Beziehung zufriedengeben.
- Wassermann und Fische stellen eine ungewöhnliche Kombination dar, denn der Wassermann ist ein rational denkender Mensch und das Wesen der Fische ist intuitiv und spirituell. Das erschwert die Beziehung insofern, als die emotionalen Bedürfnisse des Fische-Partners nicht befriedigt werden. Beide sind jedoch zutiefst menschenfreundlich eingestellt, und das kann sie zusammenhalten.
- Wassermann und Widder finden sich gegenseitig anregend und aufregend und sind ein gutes Paar, das optimistisch in die Zukunft blickt. Sie teilen einen großartigen Sinn für Humor.
- Wassermann und Stier passen nicht unbedingt zusammen, da sie sehr unterschiedlich sind, aber beide haben einen langen Atem, was zu einer anregenden Beziehung führen kann, die sie zusammenschweißt.
- Wassermann und Zwilling bilden ein wahres Seelenpaar, und ihre Beziehung ist sehr dynamisch mit viel Abwechslung, Spaß und einem regen gesellschaftlichen Leben.
- Wassermann und Krebs werden wahrscheinlich feststellen, dass die emotionale Distanz des Wassermanns nicht zu den Bedürfnissen des gefühlsbetonten Zeichens Krebs passt. Das bedeutet, dass die beiden oft über ihre Differenzen sprechen müssen, damit es langfristig funktioniert.

- Wassermann und Löwe haben nicht viel gemeinsam, aber das wird sie nicht davon abhalten, ihre Beziehung inspirierend und aufregend zu finden, was den Weg zu einer Annäherung leichter macht.
- Wassermann und Jungfrau sind ein kluges Paar mit unterschiedlichen Stärken, die sich gegenseitig ergänzen: Die Jungfrau kann lernen, ein bisschen Chaos zu akzeptieren, und der Wassermann sollte lernen, etwas mehr Ordnung zu halten.
- Wassermann und Waage passen gut zusammen, da beide ein reges Sozialleben und geistige Impulse schätzen.
- Wassermann und Skorpion haben eine schwierige und intensive Beziehung zueinander, die funktionieren kann, wenn der Wassermann lernt, etwas mehr Zuneigung zu zeigen, und der Skorpion Vertrauen entwickelt.
- Wassermann und Schütze sind ein lustiges Paar, und die beiden werden viele gemeinsame Abenteuer erleben.
- Wassermann und Steinbock sind keine einfache Kombination, die aber funktionieren kann, wenn beide ihre vorhandene Bereitschaft nutzen, ihre Differenzen auszugleichen. Der wichtigste Unterschied besteht darin, dass der Steinbock Stabilität und Sicherheit sucht, was für den Wassermann nicht so wichtig ist.

FISCHE IN DER LIEBE

Fische suchen in einer Partnerschaft eine spirituelle und gleichzeitig intuitive Verbindung. Der oder die Partner*in ist für das Zeichen Fische der allerwichtigste Mensch in seinem Leben, und das möchte er neben seiner ganzen Liebe auch vermitteln. Das Zeichen Fische ist sanft und warmherzig, weshalb diese Menschen von weniger sensiblen Zeitgenossen häufig verletzt werden.

Paarbeziehungen mit anderen Zeichen:

- Fische und Fische passen so gut zusammen, dass sie in ihrer Traumwelt der Zweisamkeit vielleicht nie etwas Praktisches zustande bringen.
- Fische und Widder können harmonieren, wenn der Widder etwas Geduld aufbringt. Im Gegenzug wird das Zeichen Fische ihn von ganzem Herzen unterstützen.
- Fische und Stier passen gut zusammen, da beide die Liebe zur Romantik und ein hohes Maß an Loyalität teilen. Der Stier sorgt für Erdung, und das Zeichen Fische bringt Fantasie in ihr gemeinsames Leben.

- Fische und Zwillinge sind beide sehr anpassungsfähig, und das kann in Verbindung mit der entsprechenden Kommunikation dazu beitragen, die doch recht ausgeprägten Unterschiede in ihrer Denkweise zu überwinden. Die Fische wollen eine starke emotionale Bindung, während die Zwillinge es lieber etwas lockerer angehen lassen.
- Fische und Krebs bilden eine äußerst liebevolle und romantische Partnerschaft – sie sind fast schon telepathisch miteinander verbunden.
- Fische und Löwe haben viel Potenzial, wenn der Löwe, der die Liebe und Bewunderung des Zeichens Fische in sich aufsaugt, nicht versucht, es zu kontrollieren, und sich bemüht, seine sensible Natur zu verstehen.
- Fische und Jungfrau sind gegensätzliche Zeichen und können sich entweder anziehen oder abstoßen. Entscheidend ist, das verträumte und romantische Wesen der Fische mit der praktischen Seite der Jungfrau zu harmonisieren.
- Fische und Waage ergeben ein sehr kreatives und liebevolles Paar, wenn die beiden das Bedürfnis der Waage nach Geselligkeit und das der Fische nach Rückzug unter einen Hut bringen können.
- Fische und Skorpion passen wunderbar zusammen und haben eine tiefe emotionale Verbindung zueinander, die diesen beiden sensiblen Zeichen ein starkes Gefühl der Sicherheit gibt.
- Fische und Schütze sind beide sehr flexibel und lieben es, sich mit philosophischen Glaubensfragen zu beschäftigen. Sie passen gut zusammen, wenn sie ihre jeweils introvertierte und extrovertierte Wesensart in Einklang bringen können.
- Fische und Steinbock bilden eine fabelhafte Mischung aus gesundem Menschenverstand und Verträumtheit, was gut zueinander passt.
- Fische und Wassermann kommen gut miteinander aus, wenn sie einen Kompromiss zwischen dem distanzierten emotionalen Verhalten des Wassermanns und der Sensibilität der Fische finden können.

Astrologie ist ein unendlich faszinierendes Thema, über das es immer wieder Neues zu lernen gibt. Durch die sorgfältige Lektüre dieses Buches kannst du dein Horoskop wesentlich besser verstehen und dir gleichzeitig eine inklusivere Sichtweise und Sprache aneignen.

TEIL IV

Zusammenfassung und astrologische Tabellen

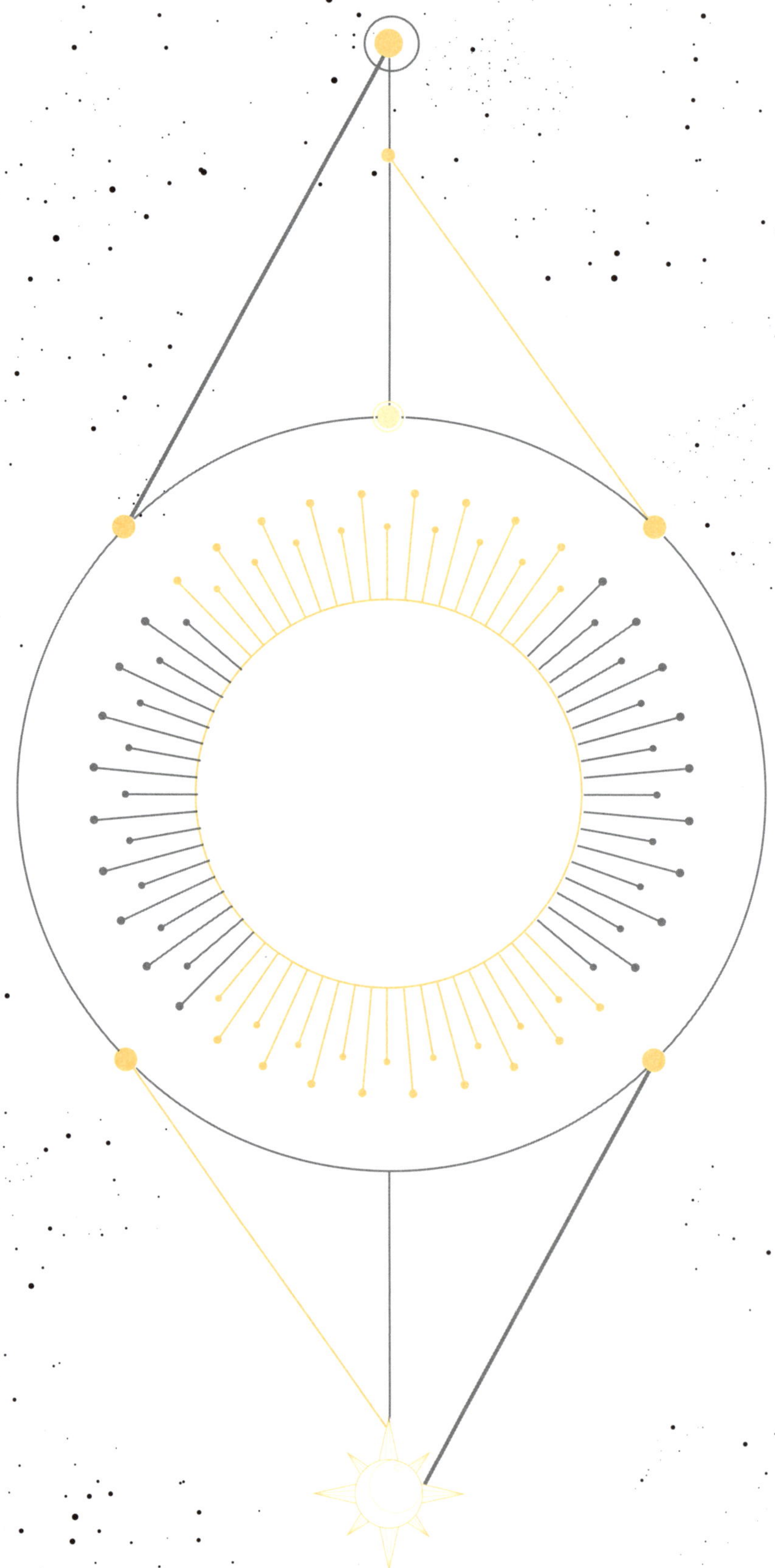

13. KAPITEL

Zum Schluss

ICH HOFFE, DASS dieses Buch dir eine neue Wertschätzung und ein tieferes Verständnis für die wichtigsten Themen der Astrologie vermittelt und dir zeigt, wie du sie mithilfe der geschlechtsneutralen Sprache neu interpretieren kannst.

Traditionell basieren die geschlechtsspezifischen astrologischen Begriffe in der Astrologie auf patriarchalischen Mythen und Archetypen, die dem binären Geschlechtersystem entsprechen. Ein gutes Beispiel dafür ist dieses Beispiel: Das Symbol des Steinbocks ist der Ziegenfisch. Es wird sehr oft nur als Ziege dargestellt, was eher Yang ist. Den Fischschwanz, der das Yin des Steinbocks repräsentiert, lässt man hingegen einfach weg.

Falls du das verwirrend findest – und das ist es –, dann deshalb, weil die patriarchalische Gesellschaft das Männliche aufgewertet und das Weibliche abgewertet hat. So wurde die Sprache der traditionellen Astrologie binär und verzerrt. In den Mythen, auf denen unsere astrologischen Interpretationen beruhen, wurden die Göttinnen in der Regel als böse, rachsüchtige Unruhestifterinnen oder als geistlose, langweilige Querulantinnen dargestellt, während die Götter die Rollen von Helden oder Anführern einnahmen.

Ich bin mir nicht ganz sicher, ob die Mythen auf diese Weise entstanden sind, aber es gibt viele Bemühungen, zu einer differenzierteren Darstellung zurückzukehren.

Eines weiß ich aber mit Sicherheit: Mythen sind Geschichten, die bestimmte Aspekte der menschlichen Natur beinhalten. Heute sehen wir, wie sich die jahrtausendelange Vorherrschaft des Patriarchats und das binäre Geschlechtersystem in den Geschichten widerspiegelt. Unser menschliches Bedürfnis nach Klarheit und Definitionen hat ebenfalls dazu beigetragen, dass wir Abgrenzung und Polarität sehen, wo es in Wirklichkeit um Verbindung und Einheit gehen sollte.

Vielleicht ist es deshalb an der Zeit, unsere Sprache komplett zu ändern, um die Darstellung des Männlichen als gut und des Weiblichen als böse endlich zu beenden. Die geschlechtsneutrale Sprache berücksichtigt, dass sowohl das Männliche als auch das Weibliche gute und schlechte Eigenschaften haben, und ermöglicht es, eine Person nicht nur nach dem einen oder dem anderen zu definieren.

Diese neue Sprache ermöglicht es dir, dich in deinem Horoskop als ganzheitliches Individuum mit verschiedenen Eigenschaften zu erkennen, die weder »gut« noch »schlecht« sind, sondern einfach nur anders.

Zwar hat sich die moderne Astrologie inzwischen von den Vorstellungen von »gut« und »schlecht« verabschiedet, aber wir müssen noch einen Schritt weiter gehen und uns auch von den Begriffen »männlich« und »weiblich« lösen. Das eröffnet uns ein ganz neues Verständnis des Horoskops.

So lädt dich dieses Buch dazu ein, in einen kreativen und fantasievollen Raum einzutauchen und das Netz der Verbundenheit zu spüren, das alle Lebewesen, auch das Universum, miteinander verbindet. Fühle den Puls, das Ein- und Ausatmen von allem, was ist, in seiner Vielfalt und Mehrdimensionalität. Dieses Buch lädt dich dazu ein, die Vernetzung zu spüren und nicht die Trennung, die wir seit Jahrtausenden in der Astrologie vornehmen.

Die vergangenen astrologischen Zeitalter, nämlich Fische und Widder, waren von Natur aus patriarchalisch und haben die Tagesenergie über die Nachtenergie gestellt. Dies drückt sich auch in der Sprache aus, die in allen Mythen und Disziplinen wie der Astrologie verwendet wird und die die nach außen gerichtete »handlungsorientierte« Energie über die rezeptive und intuitive Energie stellt.

Niemand weiß, was das Zeitalter des Wassermanns bringen wird, aber Wassermann ist ein Zeichen, das für Verbindung und Vernetzung steht. Das Symbol des Wassermanns zeigt Wellen. Vielleicht stehen sie für die Quantentheorie, für Wellen des Spirits oder der Energie. Die Herrscher des Zeichens, also Saturn und Uranus, repräsentieren eine ganz besondere Mischung aus Althergebrachtem und dem Ultramodernem, aus Konservativem und Innovativem. Der Wassermann repräsentiert auch Gruppenenergie, eine weitere Form der Verbundenheit, und steht für Humanität, Menschenrechte und soziale Belange. Der Wassermann ist visionär und futuristisch.

An der Schwelle zum neuen astrologischen Zeitalter ist es nur angemessen, die Sprache der Astrologie und unsere Herangehensweise auf ein neues, umfassenderes und vernetzteres Fundament zu stellen. Die Bewegungen und Zyklen der Planeten bleiben natürlich gleich, aber wir müssen unsere Wahrnehmung und unsere Sprache ändern. In der griechischen Philosophie steht das Konzept des Logos (griechisch für »Wort«, »Vernunft«) für das göttliche Prinzip, das die Ordnung des Universums durchdringt. Das weist darauf hin, dass Sprache seit jeher dazu dient, dem, was wir nicht verstehen, einen Sinn zu geben. Also müssen wir jetzt umdenken und eine andere Sprache finden, um im neuen Zeitalter anzukommen.

Dieses Buch ist eine Einladung an dich, dich neu auszurichten und das lebendige Universum in dir zu spüren, eine Einladung, die Energien des Tages und der Nacht in dir zu integrieren. Dieses Buch wurde für alle Menschen geschrieben.

GLOSSAR

ASPEKTE: Die verschiedenen Abstände der Planeten und anderer kosmischer Körper im Horoskop zueinander. Hauptaspekte sind Konjunktion, Opposition, Trigon, Quadrat und Sextil.

ASTEROIDE: Kleine Objekte, welche die Sonne umkreisen.

ASZENDENT (AC): Spitze des 1. Hauses, auch bekannt als aufsteigendes Zeichen; das Zeichen, das zum Zeitpunkt und am Ort der Geburt am östlichen Horizont steht.

BEWEGLICHE ZEICHEN: Zwillinge, Jungfrau, Schütze, Fische.

DEKANE: Unterteilung jedes Tierkreiszeichens in drei Dekane von jeweils 10° Breite.

DESZENDENT (DC): Spitze des 7. Hauses im Geburtshoroskop, das Zeichen, das dem Aszendenten als Polarität zum Zeitpunkt und am Ort der Geburt am westlichen Horizont gegenübersteht.

DOMIZIL: Das Tierkreiszeichen, in dem ein Planet Herrscher ist und am stärksten wirkt, zum Beispiel Mars im Widder.

EKLIPTIK: Eine imaginäre Linie oder Ebene am Himmel, welche die scheinbare Bahn der Sonne markiert, in deren Verlauf Finsternisse auftreten.

ELEMENTE: Feuer, Erde, Luft und Wasser.

ERDZEICHEN: Stier, Jungfrau, Steinbock.

FESTE ZEICHEN: Stier, Löwe, Skorpion, Wassermann.

FEUERZEICHEN: Widder, Löwe, Schütze.

GLYPHEN: Astrologische Symbole für die Tierkreiszeichen.

HÄUSER: Die zwölf Sektoren eines Geburtshoroskops, die jeweils für verschiedene Lebensbereiche stehen.

HÄUSERSPITZE: Der Anfang eines Hauses im Geburtshoroskop oder der Punkt, an dem ein Zeichen endet und ein anderes beginnt

HEMISPHÄRE: Eine Ebene oder Linie, welche die Himmelskugel in zwei Hälften teilt, entweder horizontal oder vertikal.

IMMUM COELI (IC, Himmelstiefe): Spitze des 4. Hauses, unterer Teil der vertikalen Achse des Horoskops. Im Geburtshoroskop gibt es Auskunft über die seelischen Wurzeln einer Person.

KARDINALE ZEICHEN: Widder, Krebs, Waage, Steinbock.

LEUCHTKÖRPER: Sonne und Mond.

LUFTZEICHEN: Zwillinge, Waage, Wassermann.

MEDIUM COELI (MC; Himmelsmitte): Die Spitze des 10. Hauses des Geburtshoroskops, der höchste Punkt im Tierkreis zum Zeitpunkt der Geburt und der öffentlichste Bereich des Horoskops.

ORBIS: Ein Orbis bezeichnet die zulässige Abweichung vom exakten Abstand bei jedem Aspekt.

PERSÖNLICHE PLANETEN: Innere Planeten und Himmelskörper, die eine direktere Auswirkung auf die Persönlichkeit haben: Sonne, Mond, Merkur, Venus und Mars.

REZEPTION, GEGENSEITIGE: Zwei Planeten stehen im Domizil des jeweils anderen Planeten.

RÜCKLÄUFIGKEIT: Scheinbare Rückwärtsbewegung eines Planeten aus der Perspektive der Erde.

SONNENZEICHEN: Das Zeichen, in dem die Sonne zum Zeitpunkt der Geburt steht.

TRANSIT: Übergang eines laufenden Planeten über einen bestimmten Punkt des Geburtshoroskops.

WASSERZEICHEN: Krebs, Skorpion, Fische.

WINKEL: Die Aspekte werden als Winkel gemessen.

ASTROLOGISCHE TABELLEN

SONNENZEICHEN

ZEICHEN	GLYPHE	UNGEFÄHRE DATEN	HERRSCHER-PLANETEN	ENERGIE
Widder	♈	21. März–20. April	Mars	Tag/Einatmen
Stier	♉	21. April–20. Mai	Venus	Nacht/Ausatmen
Zwillinge	♊	21. Mai–20. Juni	Merkur	Tag/Einatmen
Krebs	♋	21. Juni–20. Juli	Mond	Nacht/Ausatmen
Löwe	♌	21. Juli–20. August	Sonne	Tag/Einatmen
Jungfrau	♍	21. August–20. September	Merkur	Nacht/Ausatmen
Waage	♎	21. September–20. Oktober	Venus	Tag/Einatmen
Skorpion	♏	21. Oktober–20. November	Mars (traditionell) Pluto (modern)	Nacht/Ausatmen
Schütze	♐	21. November–20. Dezember	Jupiter	Tag/Einatmen
Steinbock	♑	21. Dezember–20. Januar	Saturn	Nacht/Ausatmen
Wassermann	♒	21. Januar–20. Februar	Saturn (traditionell) Uranus (modern)	Tag/Einatmen
Fische	♓	21. Februar–20. März	Jupiter (traditionell) Neptun (modern)	Nacht/Ausatmen

DIE WICHTIGSTEN ASPEKTE

PLANET IN DIESEM ZEICHEN	OPPOSITION	QUADRAT	SEXTIL	TRIGON
Widder	Waage	Krebs, Steinbock	Zwillinge, Wassermann	Löwe, Schütze
Stier	Skorpion	Löwe, Wassermann	Krebs, Fische	Jungfrau, Steinbock
Zwillinge	Schütze	Jungfrau, Fische	Löwe, Widder	Waage, Wassermann
Krebs	Steinbock	Widder, Waage	Jungfrau, Stier	Skorpion, Fische
Löwe	Wassermann	Stier, Skorpion	Zwillinge, Waage	Widder, Schütze
Jungfrau	Fische	Zwillinge, Schütze	Krebs, Skorpion	Stier, Steinbock
Waage	Widder	Krebs, Steinbock	Löwe, Schütze	Zwillinge, Wassermann
Skorpion	Stier	Löwe, Wassermann	Jungfrau, Steinbock	Krebs, Fische
Schütze	Zwillinge	Jungfrau, Fische	Waage, Wassermann	Widder, Löwe
Steinbock	Krebs	Widder, Waage	Skorpion, Fische	Stier, Jungfrau
Wassermann	Löwe	Stier, Skorpion	Widder, Schütze	Zwillinge, Waage
Fische	Jungfrau	Zwillinge, Schütze	Stier, Steinbock	Krebs, Skorpion

PLANETENÜBERSICHT

	REGIERTES ZEICHEN	EXIL	ERHÖHUNG	FALL	TAG ODER NACHT
Sonne	Löwe	Widder	Wassermann	Waage	Tag
Mond	Krebs	Stier	Steinbock	Skorpion	Nacht
Merkur	Zwillinge und Jungfrau	Jungfrau	Schütze und Fische	Fische	Zwillinge–Tag Jungfrau–Nacht
Venus	Stier und Waage	Fische	Widder und Steinbock	Jungfrau	Stier–Nacht Waage–Tag
Mars	Widder und Skorpion	Steinbock	Waage und Stier	Krebs	Widder–Tag Skorpion–Nacht
Jupiter	Schütze und Fische	Krebs	Zwillinge und Jungfrau	Steinbock	Schütze–Tag Fische–Nacht
Saturn	Steinbock und Wassermann	Waage	Krebs	Widder	Steinbock–Nacht Wassermann–Tag
Uranus	Wassermann	Skorpion	Löwe	Stier	Tag
Neptun	Fische	Krebs	Jungfrau	Steinbock	Nacht
Pluto	Skorpion	Löwe	Stier	Wassermann	Nacht

ÜBERSICHT DER DEKANE

ZEICHEN	1. DEKAN 0–9°	2. DEKAN 10–19°	3. DEKAN 20–29°
Widder	Mars/Widder	Sonne/Löwe	Jupiter/Schütze
Stier	Venus/Stier	Merkur/Jungfrau	Saturn/Steinbock
Zwillinge	Merkur/Zwillinge	Venus/Waage	Saturn und Uranus/Wassermann
Krebs	Mond/Krebs	Mars und Pluto/Skorpion	Jupiter und Neptun/Fische
Löwe	Sonne/Löwe	Jupiter/Schütze	Mars/Widder
Jungfrau	Merkur/Jungfrau	Saturn/Steinbock	Venus/Stier
Waage	Venus/Waage	Saturn und Uranus/ Wassermann	Merkur/Zwillinge
Skorpion	Mars und Pluto/ Skorpion	Jupiter und Neptun/Fische	Mond/Krebs
Schütze	Jupiter/Schütze	Mars/Widder	Sonne/Löwe
Steinbock	Saturn/Steinbock	Venus/Stier	Merkur/Jungfrau
Wassermann	Saturn und Uranus/ Wassermann	Merkur/Zwillinge	Venus/Waage
Fische	Jupiter und Neptun/ Fische	Mond/Krebs	Mars und Pluto/Skorpion

ZUM WEITERLESEN

Jan Spiller: ASTROLOGIE UND SEELE (Knaur 2008)

Gary Goldschneider/Joost Elffers: THE SECRET LANGUAGE OF BIRTHDAYS: Your Complete Personology Guide for Each Day of theYear (Avery, 2013)

Steven Forrest: THE INNER SKY: How to Make Wiser Choices for a More Fulfilling Life (Seven Paws Press, 2012)

Louise Edington: MODERN ASTROLOGY: Harness the Stars to Discover Your Soul's True Purpose (Althea Press, 2018)

Demetra George: MYSTERIES OF THE DARK MOON: The Healing Power of the Dark Goddess (Harper Collins, 1992)

Hier findest du umfangreiche weiterführende Informationen über die Astrologie und darüber hinaus kannst du dir dein eigenes Geburtshoroskop erstellen:
ASTRO.COM

Hilfreiche Tipps, Beratungsangebote und Ausbildungszentren in deiner Nähe:
Deutscher Astrologen-Verband (DAV)
https://www.astrologenverband.de/

ÜBER DIE AUTORIN

Louise Edington studiert und praktiziert Astrologie seit 30 Jahren und schreibt täglich Astrologie-Posts, die ihre Leser*innen im Alltag begleiten. Sie schätzt alle Aspekte der professionellen Astrologie, aber am meisten liegt ihr daran, ihre Klient*innen wieder mit den natürlichen Zyklen des Universums zu verbinden, um sich selbst besser kennenzulernen und anzunehmen.

Louise bietet astrologische Beratung, Astrologie- und Schreibkurse an. Außerdem stellt sie ihre Unterstützung in der Cosmic Membership Community zur Verfügung.

Mehr über ihre Dienstleistungen erfährst du unter louiseedington.com. Louises erstes Buch erschien in den USA unter dem Titel *Modern Astrology. Harness the Stars to Discover Your Soul's True Purpose.*